破解古今奇绝联

书海　著

竹和松出版社

出版：竹和松出版社（Zhu & Song Press）

Zhu & Song Press, LLC

North Potomac, Maryland

责任编辑：朱晓红

责编信箱：editor@zhuandsongpress.com

封面设计：竹和松传媒

出版社网址：www.zhuandsongpress.com

印刷地：美国，英国

发行：全球（中国大陆除外）

ISBN-13: 978-1-950797-24-0

ISBN-10: 1-950797-24-4

作者 2021 年冬月摄于美国关岛

作者简介

书海，本名姚书海。1964 年生于中国福建省福清市。学的是财经企管，好的是诗词书画。从小崭露文学天赋，每逢作文常被语文老师作为范文在班上宣读或登于校刊。诗词启蒙自其父，后又师从中华诗词协会顾问吴端升先生、中华诗词协会理事福建省诗词学会副会长赵玉林先生。1989 年留学日本，被日本文化联盟福岛汉诗协会三瓶宏会长聘为名誉顾问，讲授交流中国古诗词。并受到日本诗坛翘楚进藤虚籁先生与服部承风先生的青睐，视为特别诗友，交流探讨汉诗词。书法作品连续五年被特邀参加中日两国代表诗书家自咏诗书展。并荣幸应邀为东京一所中国革命纪念场所----汉阳楼饭店题写牌匾（汉阳楼位于明治大学旁，是当时孙中山，鲁迅，周恩来等先驱在日本期间聚会的重要场所）。诗、书、散文作品获奖累累，奖状垒叠盈尺。1993 年参加美国张母基金会发起的全球诗赛，荣获全球青少年组金牌。作品散发于人民日报海外版，日本汉诗人杂志，新加坡新风诗刊等国内外刊物。书法作品被北京华侨博物馆及地方博物馆收藏。曾作为海外书法名家应邀为福建建阳武夷山风景区题写"龙潭"石刻，为山西介子推纪念馆题写自撰对联："得失应淡然，心中自无挂碍；言行须谨慎，头上总有神明"……

已出版《天韵楼词选》（单行本）《姚书海赴日留学诗抄》（合集）

至今为止，被加拿大、美国、日本、新加坡、台湾等国内外各地多处诗词书画组织聘为名誉顾问或名誉社、院长。现为海外中华诗词研究推进学会会长，龙声诗社社长。

通联处：国内：350300 中国福建福清市西大街上巷 702 信箱。

国外：PMB259, 979ARMY, DR, BARRIGADA, GUAM, 96913 U, S, A.

TEL:1-671-797-5213

电子邮箱:1139094634@qq.com

Shuhaiyao1@gmail.com

序

我曾在我的第一本词集----《天韵楼词集》的序里写到："在我的文学作品中，词所占的比例最小……"。今天检点旧作，弃嫌取爱，排沙简金，始知：作为一种中国最古老的也最为简短精炼的文学艺术----对联，在我的诗囊文箧中其数量才是名副其实的最少。

究何？缘于平时每有创作欲，多以驾驭娴熟的格律诗词形式诉诸思想情感，起承转合一气呵成，既可完整表达心之所思，又兼有酣畅淋漓之快慰。虽说对联这种骈俪文体更为简短快捷，但它充其量只是相当于格律诗里一个对仗句而已。对文学创作来说，这种只有上下一个对句的体裁不足以承载深邃厚重的思想内涵。这也就是在浩如烟海的中国文学作品中，对联作品寥若晨星、稀如沧海一粟的缘故了--------当然，千篇一律毫无新意的贺春喜丧联之类未被滥竽充数。

然而，对联生就玲珑身，自有它小巧轻灵的独特之处。它可以把突闪的思想火花、奇趣的吉光片羽瞬间捕捉并化为有趣的对联艺术。

本书旨在分析破解古今奇难趣绝之单联，并雕琢片玉，以配其双。所采之联，均为古今未破或未工对之殊异趣联。虽然诸多联类，未能详尽赅备，但是奇趣有余锦绣满眼异彩纷呈，已臻洋洋大观。

对联，因现实生活中多体现在楹柱上，故又称其楹联。民间则俗称对子。对联作为一种对偶文学，具有言简意赅、对仗工整、声韵协调的特征。是一字一音的汉语语言独特的艺术形式。汉语形美如画，音美如歌，意美如诗。更妙不可言的是由汉字组成的对联具有抑扬顿挫的平仄声韵美和词意对称的境界美。可以说，对联艺术是中华文化的瑰宝，历朝历代，为中国社会各阶层所喜闻乐见。

然而，对联虽然简短式小，其创作却颇为不易。首先，要创作一幅对联，得具备并符合四个要素：一曰字数相等，二曰内容相关，三曰词性相当，四曰平仄相对。然后还要赋予联作一定的思想内涵，或哲思或咏史，描景抒情，说理讽刺，歌颂真善美，鞭挞假恶丑……其驾驭何易矣！

创作一幅合格的对联作品尚言不易，何况奇联绝对？所谓奇联绝对，顾名思义，它或奇或绝甚或奇绝同兼；要么在创作技巧上或措词用字上空前绝后的巧妙；要么联意蕴含深厚高山仰止。以至于千百年来，无有工对，遂成千古绝对。这让诸多嗜联之士，每每引为缺憾。然，清代纪晓岚有语："世间书籍中语，无不可成偶者"。一个流传下来的奇联绝对，随着时代的嬗变，文化的不断丰富创新，终将逐渐破解。

亦有人说对联为雕虫小技。这是对对联的不求甚解。无论创作对联抑或破解单联，如果不具备学识上的深度和广度那只能胡乱凑对甚至望联兴叹贻笑大方。对联视之短小细微，却含大道妙奇。古人云：'学不博无以通其变，思不精无以至其微'。澳门大学教授程祥徽先生有一联云：

上联：谁说雕虫小技可为陋室蜗居生辉金銮宝殿增色，怎可说他雕虫小技
下联：且看寰宇大千能教黎民百姓牵魂游子裔孙寻梦，方能看我寰宇大千

本书是作者在疫情期间，忽得人生日日闲，遂将能搜集得到的所谓奇联绝对（当然只是玉山一隅珠海半瓢），不分古之遗留或今之新创，靡不兼收并蓄，并将其一一破解巧对，裒为一帙面世，给联坛呈上一份作业。冀此抛转引玉矣！

联曰：

喜有年余闲，蒐奇联若宝
愧无车半识，琢片玉非常

诗曰：

缘防冠疫蛰家闲，
尽日窗含一角天。
检点诗囊欣有得，
漫寻联箧憾无篇。
神思探古幽怀醉，
梦咏出新快意绵。
片玉蒐来雕琢细，
串珠合璧使完全。

词曰（调寄《蝶恋花》）：

莫谓楹联声势小
引共鸣时
海韵天音绕
史上珠词精且少
文山放眼葳春草

传统曾抛文革蔑
灭古崇新
一切唯新俏
俏物也随波浪淘
复兴国粹春光好

衷心感谢旅美青年画家林雨音小姐、旅美画家摄影家彭哥为本书插画和摄影，加之美国竹和松出版社的鼎力相助，使本书得以顺捷问世。

书海 2021 年冬于美国关岛。

目录

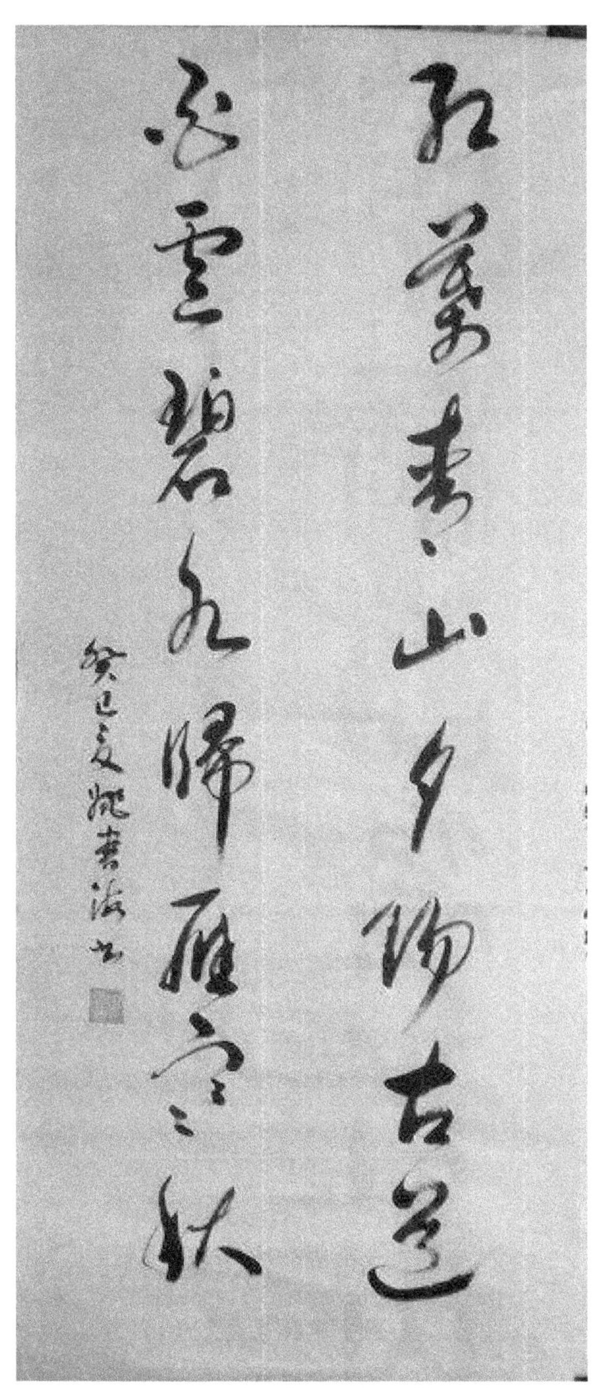

作者自撰联书

红叶青山夕阳古道，白云碧水归雁寒秋

作者书法作品：一杯品得春山色，半日作陪泉水香

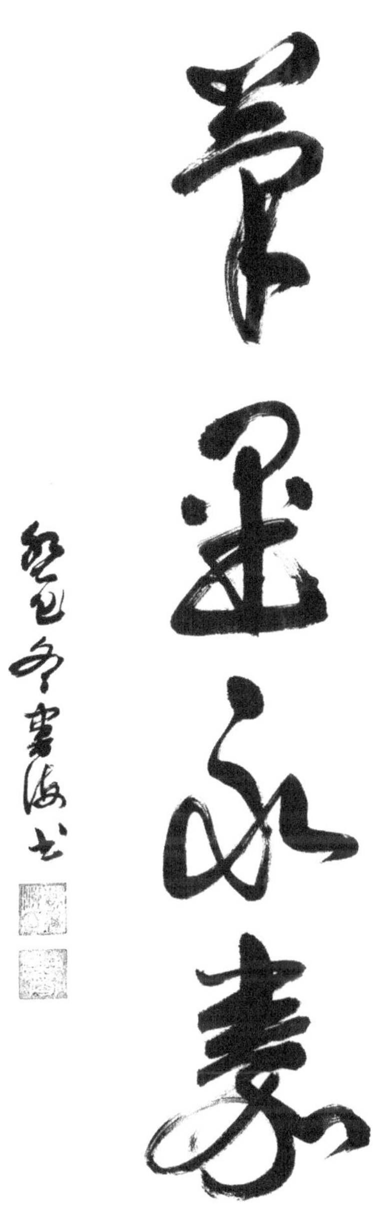

作者书法作品：笔墨永嘉

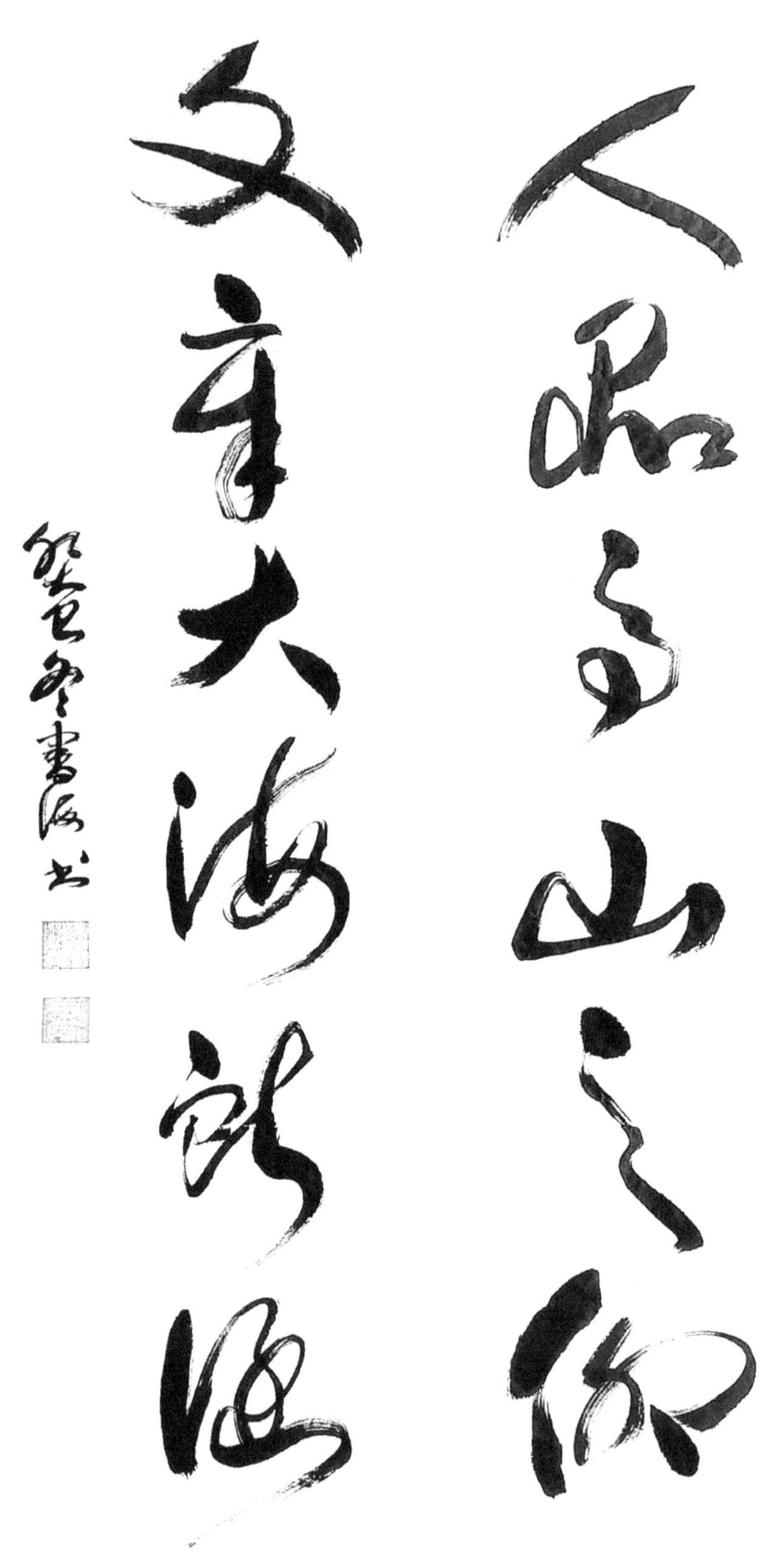

作者书法作品：人品高山之仰，文章大海所涵

其一：唐伯虎名联'画上荷花和尚画'

上联：画上荷花和尚画

此联出处：据传，此联系唐朝才子唐伯虎题画联句。
唐伯虎游览寺庙，方丈仰其大名，请求为自己画的一幅荷花图题字，唐伯虎题了"画上荷花和尚画"，并谓所题为一上联，下联留待后人咏对。自此，寺庙香火旺盛，各方文人墨客趋之若鹜慕名而来。但很多年过去了，没有人能对上此联。即使有勉强对上者，也是差强人意。逝者如斯夫，几百年过去了，至清朝，蜀人李调元游览至此，方丈早闻李调元大名，心想，当朝最有名望的文学大家，一定能对出唐伯虎的对联吧！于是恳请李调元赐墨。李调元对了句：'书临汉墨翰林书'。方丈大为满意，认为李调元所对，是历代文人墨客中对的最好的一联。遂将此画悬挂殿堂，让游客欣赏。

上联：画上荷花和尚画（唐朝，唐伯虎）
下联：书临汉墨翰林书（清朝，李调元）

但有博学者，谓方丈曰，李调元所对亦非工整，也只算勉强以对。因为工整的对联，每一个字的词性都必须相对。也就是说名词对名词，动词对动词，形容词对形容词……唐伯虎上联的'上'字在此联中做方位词用，而李调元的下联'临'字是动词，动词对方位词，此为方家所不为。

此后，又是两百余年，至今尚无人对出较为工整的下联。

分析联意：
从字面上看，意思十分明白，只是说这张画上面的荷花是一个和尚画的。但应该注意的是：头尾两个字字同意不同，联首的'画'字为名词，指图画。联尾的'画'字是动词，表示动作。头、中、尾三个字分别为'画、花、画'。韵母相同，发音为：hua hua hua。平仄关系为'仄、平、仄'。整句的平仄顺序为：仄仄平平平仄仄。最为特点的是：此联顺读和倒读谐音，是回文体的一种形式。上例的李调元对句，符合了回文，但顾此失彼，瑕疵毕露。

筛选对句：历代对此联者，浩若繁星，恒河沙数。多举无益，只选一二对的较为接近者：
（1）知乎网友（匿名）对：'歌同暮日牧童歌'
（2）知乎网友（匿名）对：'书里精术经理书'
（3）知乎网友（匿名）对：'书前序言徐谦书'

所选（1）联，基本上同李调元所对差不多，合乎回文，但同样栽倒在第二字上。
所选（2）联，符合了回文要求，但平仄失调，为方家所忌。
所选（3）联，符合回文，但'言'字出韵，以荷花对序言，不工。

总结：唐伯虎的'画上荷花和尚画'，看似浅显，却颇具特点，机关巧设。难倒了历代骚客文人。

近年来网络上兴起对联热，不少对联爱好者将'画上荷花和尚画'翻出来，试图能工整地对上它，但遗憾的是，又一次望'联'兴叹，偃旗息鼓了。

欲知笔者能否破解巧对？请关注下文：《尝试破解和巧对历代遗留的奇联绝对》（其一'画上荷花和尚画'的对联）

龙声诗社、海外中华诗词研究推进学会
书海
2021 年 1 月 12 日于美国。

破解和巧对古今奇绝联（其一，'画上荷尚画'的对联）-----书海

前文分析和总结了唐伯虎联句'画上荷花和尚画'的特点。总结如下：
（一）首尾二字字同音同但意不同。
（二）第四字与首尾二字韵母相同。
（三）平仄顺序为：仄仄平平平仄仄。
（四）联句为音韵回文体。
（五）'画'、荷花、和尚皆为名词。'上'字词性复杂，在此联中为方位词。

了解了联句的意思，摸清了联句的特点后，就可以胸有成竹，目标明确，有的放矢了。

甄别筛选之后，确定'书'字，'书'字亦名亦动，刚好词性与'画'字可对。
然后对'荷花'，荷花是植物性名词，几番选择后，确定用'苜蓿'。'书，蓿，书'韵母相同，平仄刚好与'画，花，画'相反，然后，方位词选择容易，就选'中'。再考虑'和尚'一词。思路至此，对联呼之欲出了。

接下来，为了回文需要，'苜''中'两字连在一起读：muzhong.'目终''木忠''幕终'……。对号入座，刚好唐朝有个穆宗皇帝！穆宗皇帝是宪宗皇帝的第三子，唐朝的第十三任皇帝。唐朝的和尚对唐朝的皇帝，再巧不过了。

下联出来了：书中苜蓿穆宗书。

上联：画上荷花和尚画（唐寅）
下联：书中苜蓿穆宗书（书海）

破解巧对成功！

再对一联：
上联：画上荷花和尚画（唐伯虎）
下联：书中萱草宣宗书（书海）

依此思路，再对一联：包中异宝懿宗包。懿宗是穆宗的第三子，唐朝第十八任皇帝。自觉对的不甚满意，宽对了。

上联：画上荷花和尚画（唐寅）
下联：包中异宝懿宗包（书海）

抛转引玉，欢迎各界学者专家、行家里手热烈参与破解与巧对历代遗留的奇联绝对。下一个待对联：'上海自来水来自海上'。

画上荷花和尚画

创作者：林雨音

其二：民国时期征联'上海自来水来自海上'

上联：上海自来水来自海上

此联来历：
据传此联是上世纪二十年代，上海的一家报纸刊登的征联，至今已近百年。
上世纪二十年代的上海，被誉为'冒险家的乐园'，藏龙卧虎，人文荟萃。自来水是当时的新鲜物稀罕物先进物，全国就上海最早拥有。自从以新鲜物'自来水'作为中心主体发起征联后，全国乃至全球华人应征作品不计其数，但遗憾的是合格工整的应征联几乎没有。据传后来有人对'南京跑马场马跑京南'，被认为是对的较为工整的对联之一。

上联：上海自来水来自海上（上世纪上海某报社）
下联：南京跑马场马跑京南（应征者待确认）

窃以为，'自来水'对'跑马场'看似可对，其实绝非工对。试想，'自来'这个词组能对'跑马'这个词组吗？所以，按对联的标准看，未臻工整。

又据传，十多年前，在宝岛台湾，某县政府出重金征'上海自来水来自海上'的下联，应征者众，但满意者 noting！百年内全国各地多处文化组织先后发起征联，均未获对得工整的下联。

这究竟是一个什么对联？竟让泱泱大国文化渊源的莘莘学子炎黄子孙屈服于这区区九个字组成的句子？！
此联诞生时期，正是上世纪民国时期。彼时集大成者饱学大儒比比皆是，无人能对此联？实属存疑。或许这个上联系近年时人偶然所做的文字游戏亦有可能。（此不细做探究）

联句分析：
上海自来水来自海上

（1）'上海'一词。
第一层次理解：'上海'是地名，是一个专有名词，凡地名皆可对。
第二层次理解：'上海'是地名，是一个专有名词，又是一个偏正词组，并非所有地名皆可对。
第三层次理解：'上海'是地名，是一个专有名词，又是一个偏正词组，更是一个带有方位词修饰的专用名词。能对的专有名词更少了。
第四层次理解：'上海'是由方位词'上'与地理自然界名词'海'组成的特有名词。

（2）'自来水'一词。
第一层次理解：'自来水'是一个专有名词，凡三个字的专有名词皆可对。
第二层次理解：'自来水'是一个专有名词，又是一个由代词'自'和动词'来'合成的词组来修饰的专有名词组。并非三个字的专有名词皆可对。
第三层次理解：'自来'是主谓结构的词组，与'水'合成专有名词。是联句中的主语。

（3）'海上'一词。
第一层次理解：方位名词，在句中用作宾语。
第二层次理解：由地理自然界名词'海'与方位词'上'组成的方位名词。
第三层次理解：'海上'又是上海的旧称。

（4）'来自海上'词组。
综合解释：'来'为动词，'自'此处做介词用。实际上上海的自来水是来自于黄浦江上游的淡水水源，并非来自海上的海水。

（5）整句'上海自来水来自海上'是顺读逆读同音同字同意。这种句法在文学修辞上称为回文体，亦有称之为回环格。

总结：'上海自来水来自海上'有以上细列的五个不可忽视的注意点。

对一个征联的涵义，理解到什么层次，对的联也就工整到什么层次。

因此，针对这个上联，只要对对联稍有基础知识的人都可以对出联来，也都会认为自己对的好，对的工整。区别的只是对到什么程度工整度高低的问题而已。

搜集遴选一些应征对句：
有对北京地名的：'香山碧云寺云碧山香''北京输油管油输京北'
有对安徽黄山的：'黄山落叶松叶落山黄'
有对湖南的：'湖南绣花女花绣南湖'
有对吉林的：'长春净月潭月净春长'
有对海南的：'海南护卫舰卫护南海''海南捕鱼人鱼捕南海'
有对贵州的：'贵阳多雨天雨多阳贵'
有对山西的：'山西悬空寺空悬西山''山西运煤车煤运西山'
还有，'南江客运站运客江南'
'日照老年人年老照日'
'国美奔驰车驰奔美国'
'前门出租车租出门前'
'中山横栏桥栏横山中'
'中山留声机声留山中'
'西湖映月潭月映湖西'

……。

上述所搜集遴选的应征联，大多明显不工。比如对北京香山的、对安徽黄山的、对吉林长春的'山香'、'山黄''春长''阳贵'怎能对'海上'呢？！
'前门出租车租出门前''山西悬空寺空悬西山''南川回驶船驶回川南'读起来蛮顺口，似乎好对子。但遗憾的是，细细推敲，'出租车''悬空寺''回驶船'对'自来水'也未达到理想。'车''寺''船'都是名词，对名词'水'可以。但'出租'对'自来'、'悬空'对'自来'、'回驶'对'自来'。显然词组形式不对，难被认同。
……

说说我跟'上海自来水来自海上'这个趣联的初次邂逅。

我第一次知道'上海自来水来自海上'这个联句是在 2001 年春，我从国外结束留学生涯回到国内。在去广州旅游的火车上，由于长途坐车无聊，便跟同行 C 君玩起成语接龙，一人一句接得不亦乐乎，坐在对面的两位五十来岁的先生感兴趣了，在我们对不下去，快要卡住时及时拨云见日推波助澜一把。四个人就在一起玩着成语接龙。快到广州时，中年人说年轻人我出一个上联，看你能不能对的上来，便用笔写下'上海自来水来自海上'。我觉得这联太有意思了，但难度很大，苦想了一会，我答：

上联：上海自来水来自海上（上世纪上海某报社）
下联：中山转播台播转山中（书海）

我用'中山'对'上海'，'转播台'对'自来水'
对方说，不错，对的不错。并说这个上联很久了都没有被认为满意的下联。我想了一会，又对了两句：

上联：上海自来水来自海上（上世纪上海某报社）
下联：中山养老院老养山中（书海）

上联：上海自来水来自海上（上世纪上海某报社）
下联：西湖游乐船乐游湖西（书海）

对方说，三联差不多，对的蛮工整的，但最好再推敲推敲，或能更好。显然对方是行家里手，萍水相逢，初次见面，虽看出问题但给我面子没有当面指出不足之处。交谈中深感其知识渊博，满溢学者气质。

自那以后，至今将要二十年过去了。因忙于生计，常年在国外颠沛流离疲于奔命，哪有闲时去考虑对联之事？近因疫情泛滥，隐匿家中，忽得浮生日日闲，便把此联翻出，重新思考了一番，想出了新的下联，以此抛砖引玉，冀能唤起方家兴趣，不吝赐对，让我看到更加妙绝的对句。

对此联涵义理解越广，越觉得此联很难工对。

欲知时隔二十年，能不能对出较为满意的下联？请读下文《尝试破解和巧对历代遗留的奇联绝对（其二，'上海自来水来自海上'的下联）》

《尝试破解与巧对历代遗留的奇联绝对（其二，'上海自来水来自海上'的对联）》
上文细致分析了上联'上海自来水来自海上'的句子结构和各个词组所含的意义。这样寻找对句就有了明确的路径。'上海''自来水''来自''海上'四个词组，就各自给它们配上相匹配的词组。

推敲后的新对句：

（一）用商品品牌名来对

上联：上海自来水来自海上（上世纪上海某报社）
下联：中山其乐鞋乐其山中（书海）（其乐鞋登山用不错，驰名品牌）

（二）用饮食行业的料理品牌来对

上联：上海自来水来自海上（上世纪上海某报社）
下联：中山其乐鸡乐其山中（书海）（其乐鸡为一驰名料理，始自南台湾，现国内亦有）

（三）用旅游业内名称来对

上联：上海自来水来自海上（上世纪上海某报社）
下联：西山向导车导向山西（书海）（用旅游领队'向导车'的称呼）

（四）用旅游工具名称来对

上联：上海自来水来自海上（上世纪上海某报社）
下联：西湖往返船返往湖西（书海）

（五）用酒店的名称来对

上联：上海自来水来自海上（上世纪上海某报社）
下联：东山其悦楼悦其山东（书海）

（六）用同学的名字来作无情对

上联：上海自来水来自海上（上世纪上海某报社）
下联：中山其秀岚秀其山中（书海）（用同学'其秀岚'名作无情对）

（七）用同学的名字来作无情对

上联：上海自来水来自海上（上世纪上海某报社）
下联：中山于存峰存于山中（书海，用同学'于存峰'名作无情对）

（八）用建筑业的术语来对

上联：上海自来水来自海上（上世纪上海某报社）
下联：西湖在建楼建在湖西（书海）（用建筑业的术语'在建楼'）

（九）
用佛教术语来对

上联：上海自来水来自海上（上世纪上海某报社）
下联：东京往生门生往京东（书海）（往生门是指往生极乐世界的方法，而非指具体的'门'）

（十）
用佛教术语来对

上联：上海自来水来自海上（上世纪上海某报社）
下联：中观往生经生往观中（书海）（中观：佛教天台宗所持的三观之一。天台宗的三观为空观、假观、中观）
……

不揣献拙，抛转引玉。期待玉对出现。

龙声诗社、海外中华诗词研究推进学会：
书海 2021 年 1 月 18 日整理于美国

其三：遗联'小偷偷偷偷东西'与'南国北人，小偷偷偷偷东西'

A：小偷偷偷偷东西。

'小偷偷偷偷东西'这个联出自何时何人无从查考。网络上有人言其为千百年来无人能对的奇联绝对。这是言过其实。

把这个被夸张得无以加复、涨破牛皮的对子摆在桌面上分析，就知其为奇联绝对抑或非奇联绝对。

首先把句子分拆，这个句子由'小偷''偷偷''偷东西'三个词组组成。句法很普通简单，无须赘述。有趣的是'偷'字在三个词组中的词性都不一样。出联者也许并非冥思苦想绞尽脑汁才想出来，更有可能是偶来灵感信手捡到。小偷偷东西当然是悄悄地偷偷地，这联意通俗有趣。'东西'一词在此联中意为物品，不指方向。没有必要用代表方向方位的词去对，用了也不贴切。熟谙对联巧妙的人都不会用诸如'南北''前后'之类的词组去对，因为'东'与'西'结合的词组'东西'是指物品，而'南'与'北'组成的'南北'除了方向，具体指的是什么呢？……

从联句上看这是一个下联。声律为'仄平平平平平平'。平仄不规范。对句只要考虑联尾一个字不能用平声就行，其他地方的平仄能调整尽量调整，使其不至单调生硬，读来诘屈聱牙。

分析至此，对句已经在脑中形成了。个人感觉此联说是奇联可以，但并非绝对。不但可对，甚至易对。

那么，'小偷偷偷偷东西'应该怎么去巧对它呢？从下列的几个角度考虑来对。

（1）用民国时代的情报机构名称对之：
上联：中统统统统情报（书海）
下联：小偷偷偷偷东西（创作者未获知）

（2）用蒋总统的尊名对之：
上联：中正正正正纲领（书海）
下联：小偷偷偷偷东西（创作者未获知）

（3）用王朝的名称对之：
上联：大明明明明天地（书海）
下联：小偷偷偷偷东西（创作者未获知）

（4）用行政职位对之：
上联：总统统统统天下（书海）
下联：小偷偷偷偷东西（创作者未获知）

（5）用贤人对之：
上联：大隐隐隐隐街市（书海）
下联：小偷偷偷偷东西（创作者未获知）

（6）用自然地理现象对之：
上联：极光光光光宇宙（书海）
下联：小偷偷偷偷东西（创作者未获知）

（7）用日常食物对之：
上联：香油油油油嘴舌（书海）

下联：小偷偷偷偷东西（创作者未获知）

（8）用植物花草对之：
上联：野花花花花世界（书海）
下联：小偷偷偷偷东西（创作者未获知）

（9）用书写技法名对之：
上联：狂草草草草横竖（书海）
下联：小偷偷偷偷东西（创作者未知）

（10）用行政手段名称对之（宽对）：
上联：维稳稳稳稳社会（书海）
下联：小偷偷偷偷东西（创作者未获知）

B:
南国北人，小偷偷偷偷东西

此联是在 A 联的前头加上'南国北人'。增加了趣味和对仗的难度。还用上述的对句中选一个出来相对。

上联：今贤古圣，大隐隐隐隐街市（书海）
下联：南国北人，小偷偷偷偷东西（出者未知）

......

思路至此，兴头不减。索性给原联增加一些难度，遂有了翻新联如下：

下联：走南闯北，窥东探西，尘中小偷偷偷偷东西（书海翻新联）
上联：启后鉴前，开天辟地，史上大明明明明天地（书海）

龙声诗社、海外中华诗词研究推进学会
书海，2021 年 1 月 30 日于美国。

小偷偷偷偷东西
创作者：林雨音

其四：宋朝理学家朱熹征联'香香两两'

'香香两两'

出处：传说此联出自宋朝理学家朱熹先贤之手。年代够久远了。朱熹先贤隐居武夷山，创办名扬天下的武夷山紫阳书院、考亭书院。教导诗文，传授理学，一生著作等身。在中国历史上留下了灿烂的文化遗产。

分析：此联为描绘日常生活的一个场景。一个人去卖香粉的铺子买香粉。这香粉是由各种具有香气的天然素材细磨而成。类似于现在的十三香之类的供制作食品或烹调之用。有人说是妇女化妆用的香粉。这也有可能。但从现在来看，在当地，用来做食品或烹调用的香粉流传至今，而用于女人化妆用的香粉却没有流传下来，由此可见，更有可能是供食用的香粉。

也许是朱熹先贤本人，他到香粉铺子，向老板道："香香两两"。说完之后，善于诗词的他，立即发现这'香香两两'可以巧妙地做一个对联的上联。这上联十分的有趣，想对出下联，竟然一时无法应对。时间久了，便向同行中发起征联，谁知仍无好对。就这样，这个上联就一代一代传下来。成为流传至今的奇联绝对……

好了，煞住联想。回归联句本身。就此简单的四个字，两两重复，却很难工对，难住了不少诗联爱好者。第一个'香'是形容词，第二个'香'是名词。第一个'两'是数词，第二个'两'是量词。

数年前，作者有幸被朱熹诗书研究会聘为名誉顾问。曾应对了朱熹先贤的'香香两两'这个奇联绝对。

当时是用'小鸟'对他的'香粉'，今天一并整理。

朱熹先贤生活在武夷山地区，其诗联作品的描绘很多都带有地方色彩。以香粉（买香粉）做对联就是撷取生活中一个物品、一个场景。出自武夷山地区的生活场景、生活物品联，用当地的生活场景、生活物品来对就能应对。

当地人夏天时收割完稻谷，收集稻草用于炊事。人们把杂乱稻草堆成圆形草垛，一重一重垒叠。垒成两三米高的草垛。

试对：

（1）用乱稻草对香粉
上联：香香两两（朱熹）
下联：草草重重（书海）

（2）用当地农家食物辣层糕对香粉
上联：香香两两（朱熹）
下联：辣辣层层（书海）

（3）用小鸟对香粉
上联：香香两两（朱熹）
下联：雀雀双双（书海）

（4）用狡犬对香粉
上联：香香两两（朱熹）

下联：狡狡双双（书海）

龙声诗社，海外中华诗词研究推进学会。
书海，2021 年 1 月 30 日整理于美国。

下联：狡狡双双（书海）

龙声诗社，海外中华诗词研究推进学会。
书海，2021 年 1 月 30 日整理于美国。

其五：文革时期报刊征联‘上前门，买前门，前门无前门，后门有前门’

‘上前门买前门，前门无前门，后门有前门’

出处：此联的产生有个故事，在上世纪八十年代的 1983 年，有位顾客到北京前门的商店去买‘大前门’香烟（时人简称‘前门’）。营业员告诉他烟卖完了。但他发现，后来的顾客因为跟营业员有关系，竟然买到了‘前门’香烟。这明显是走了‘后门’。这位顾客感慨万分，便将此情此景写成一个联句：‘上前门买前门，前门无前门，后门有前门’投到光明日报征联。应对者不少，但未有好对，遂成了至今无对之联。

分析：此联句联意平白，意思是说去前门买‘前门’香烟，没买到。而其他人却能买到。这是不公的、是人们深恶痛绝的走‘后门’现象。妙在香烟的名字含‘前门’两字。与不正之风的‘后门’刚好意反。正常的渠道‘前门’是买不到的，而不正常的渠道‘后门’却买得到。这具有辛辣的讽刺意味。

试对：

（1）用台湾的‘新市’对北京的‘前门’。
上联：往新市逛新市，新市多新市，故市少新市（书海）
下联：上前门买前门，前门无前门，后门有前门（光明日报征联）

（2）无情对。
上联：定右派寻右派，右派怜右派，左派恨右派（书海）
下联：上前门买前门，前门无前门，后门有前门（光明日报征联）

附：
有人用英文对此联：
上联是英文："To China for china, China with china, dinner on china"(某专家翻译成中文为：去中国买瓷器，中国有瓷器，吃饭靠瓷器），
下联是中文："到前门买前门，前门没前门，后门有前门"
　　　　还有人说：这幅对联虽然语言不同，但对仗工整，饶有风趣。这是迄今为止所发现的世界上第一例中英文对联。
……
上述所附之内容，来自网络。笔者真不敢苟同啊！

其六：电视台征联'山大王大山'

下联：山大王大山

出处：2002 年中央电视台春节征联。

分析：此联有以下特点。

（一）回文体。顺逆读音同意同。

（二）"山""大"重复。

（三）"大"字系多音字。

（四）由普通名词"山大王"与专有名词"大山"（人名，加拿大籍相声演员大山）两个词组组成。

（五）平仄排列为：平仄平仄平。非规范格律声韵，应划分为殊异联。末字平声，属下联。

此联自发布征联消息后，应征者千万，却无合格者。遂成绝对。

试对：
以"水"对"山"作无情对。

上联：水单子单水（水单子，卖水店开的单据；单水，人名）
下联：山大王大山

又：

上联：水宁轩宁水（水宁轩，闽南一茶楼名；宁水，人名）
下联：山大王大山

衍生联：山大王王大山。
特点与山大王大山差不多。

试对：
上联：榜中名名中榜
下联：山大王王大山

注：名中榜，人名。'中'读仄声。

其七：遗联'李广射虎，弓虽强，石更硬'与'李广射虎，弓虽强，无奈石更硬'

A：

李广射虎，弓虽强，石更硬。

出处：此联出处不详。

分析：此联引用了李广夜间射虎箭入石棱的历史典故。唐朝诗人卢纶作《和张仆射塞下曲》六首。其中第二首曰：'林暗草惊风，将军夜引弓。平明寻白羽，没在石棱中。'诗中所提的将军即西汉名将，世人尊称为飞将军的李广。飞将军夜巡，见丛林茂密之处草随风动，以为是猛兽。有经验猎人都知道'虎来风先到'，情急之时，引弓奋力射去。翌日清晨，将军搜寻猎物，发现箭矢射中的并非猛虎，而是一蹲岩石，且是"石棱"。石棱是岩石的突起部分，箭头钻入石棱不可想象，非神力岂能及？！李广将军心中兀自狐疑。于是，他照昨夜的情景，引弓发射，却无法再射入石中。《史记》："复更射之，终不能复入石矣。"

此联平仄排列顺序为：仄仄仄仄，平平平，仄仄仄。不合乎韵文规律，当属殊异联。尾字仄声，属于上联。

试对：

用'叶公好龙'的典故对之。叶公嘴巴说喜欢龙，心里却不是真喜欢，甚至是厌恶的。当真龙出现时表现出的状况，说明叶公是憎恶龙的。

上联：李广射虎，弓虽强，石更硬（出联者未详）
下联：叶公好龙，口若嗜，心曾憎（书海）

B：

李广射虎，弓虽强，无奈石更硬

B 联增加了两个字'无奈'。使联意的转折语气更加强烈。

用 A 联的方法对之：

上联：李广射虎，弓虽强，无奈石更硬（出联者不详）
下联：叶公好龙，口若嗜，岂料心曾憎（书海）

其八：清朝乾隆皇帝联'山东山西，河南河北，东西南北，山河壮丽'

山东山西，河南河北，东南西北，山河壮丽

出处：此联出自清朝乾隆皇帝。乾隆下江南，逛闹市，泡青楼，饮香茶，品美味。吃喝玩乐睡，可谓尝遍天下美味，阅尽人间春色。

对着属于自己的大美河山，尊为皇帝的他，自豪感岂能抑制住？于是目光所及皆壮丽江山。一句表露帝王心迹的对联油然而生：

'山东山西，河南河北，东南西北，山河壮丽'。

分析：联中的'山东山西，河南河北'并非实指某地，而是泛指四面八方，天底下的帝王疆土。

平仄排序为：平平平平，平平平仄，平平平仄，平平仄仄。音声韵律非规范，应为殊异联，尾字仄声，为上联。

据传，随行的两位近臣何坤和纪晓岚的对联是：

上联：山东山西，河南河北，东南西北，山河壮丽（乾隆）
下联：春花秋月，冬冷夏热，春夏秋冬，四季宜人（纪晓岚）

上联：山东山西，河南河北，东南西北，山河壮丽（乾隆）
下联：君前君后，臣左臣右，前后左右，君臣同行（何坤）

先分析纪晓岚的对联，名词'花''月'对方向词'东''西'不妥；形容词'冷''热'对方位词'南''北'亦不妥。以偏正词组'宜人'对并列词组'壮丽'同是不工。

纪晓岚才高八斗，诗压天下，曾言世间未有彼不能对的对联。如此低下之错，极无可能。此对联抑或后人伪托。

何坤用方向词'前后左右'对乾隆帝的方向词'东南西北'是工对。只是末后两字'同行'不能对'壮丽'，小有遗憾。

试对：

用'古今中外'对'东南西北'

上联：山东山西，河南河北，东南西北，山河壮丽（乾隆）
下联：尘中尘外，世古世今，中外古今，尘世绵长（书海）

其九：唐朝遗联‘日月二泉明白水’

日月二泉明白水

出处：广东省广州市番禺区蔡边村有两个水泉，一曰日泉，一曰月泉。相传八百多年前，此地大旱，颗粒无收，人们生活异常艰难。八仙之一的铁拐李路经此地，心生恻隐，用拐杖在地上敲了两下，便有两口清泉汩汩往外冒水。泉水清澈甘甜，当地百姓因此得救。村人欲刻一幅对联于泉边以纪念，写了上联：日月二泉明白水。但绞尽脑汁冥思苦想就是想不出下联，于是发出征联，冀能完对。可是，时间一年一年过去，征联活动也在历代中发起过无数次，直到如今八百多年了还未有能对的上上联的对联。于是，此联成了绝对。

分析：此联一个显著的特点就是组合字与拆解字，‘日’与‘月’组成‘明’字。‘泉’字拆解为‘白’与‘水’。平仄排序为仄仄仄平平仄仄。
‘明白’一词通常用作动词也用作形容词。基本的意思是知道、明确、理解。形容水的词汇一般情况都是用‘清澈’‘清清’‘甘甜’等，没有用‘明白’来形容水的。那么，‘明白水’应做何解？是理解为在日光（或月光）下，清澈的泉水看得清清楚楚明明白白？还是理解为此水系仙人铁拐李为了救众人使用仙道神力得来的，言其来历明明白白？若如此，则有拟人况味。

‘水’在五行木火土金水之内，试以五行中的‘金’对之：

（1）
上联：日月二泉明白水（古人）
下联：糸屯双鎮純真金（书海）

（2）

运用自然界地理类名词相对，以‘山’对‘水’。同时使用繁体字。

上联：日月二泉明白水（古人）
下联：木林萬巖森巖山（书海）

（3）
以‘炭’对‘泉’；‘灰山’对‘白水’

上联：日月二泉明白水（古人）
下联：土黑皆炭墨灰山（书海）

注：‘黑’按现代新韵读平声。

附录

以下宽对：
（1）上联：日月二泉明白水（古人）
　　　下联：佳牙两嵩高雅山（书海）

（2）上联：日月二泉明白水（古人）
　　　下联：一木双俐未知人（书海）

（3）上联：日月二泉明白水（古人）
　　下联：心中有值忠直人（书海）

（4）上联：日月二泉明白水（古人）
　　下联：人衣一恣依次心（书海）

（5）上联：日月二泉明白水（古人）
　　下联：矢口一意知音心（书海）

（6）上联：日月二泉明白水（古人）
　　下联：人中两鲲昆仲鱼（书海）

（7）上联：日月二泉明白水（古代遗联）
　　下联：人方双镇仿真金（书海）

（8）上联：日月二泉明白水（古代遗联）
　　下联：土真双铳填充金（书海）

其十：当代趣联'对联，对联，对对联；联对，联对，联联对；对对对联，联联联对；对对联联，联联对对；对对对对，联联联联。'

对联，对联，对对联；联对，联对，联联对；对对对联，联联联对；对对联联，联联对对；对对对对，联联联联。

出处：此联出现于互联网，作者不详。

分析：对联是一种文化形式，也是中国的国粹之一。对联短小精悍言简意赅趣味无穷。始于五代，传承至今。
　是联意涵对联本义与创作对联的活动，只有两个字，字词颠倒反复重叠，音韵铿锵流畅，十分有趣。这是用文字'顶针'的方法创作的联句，亦称'顶针联句'平仄排列不符对联声韵的规定，当属于殊异趣联。末字平声，为下联。对联一词为名词，'对'与'联'单字时亦作动词用。

试对：
（1）用古艺术'弹唱'来对

上联：
弹唱，弹唱，弹弹唱；唱弹，唱弹，唱唱弹；弹弹弹唱，唱唱唱弹；弹弹唱唱，唱唱弹弹；弹弹唱唱，唱唱弹弹；弹弹弹弹，唱唱唱唱（书海）

下联：
对联，对联，对对联；联对，联对，联联对；对对对联。联联联对；对对联联，联联对对；对对对对，联联联联（作者未详）

（2）用'书画'艺术来对

上联：
书画，书画，书书画；画书，画书，画画书；书书书画，画画画书；书书画画，画画书书；书书书书，画画画画（书海）

下联：
对联，对联，对对联；联对，联对，联联对；对对对联。联联联对；对对联联，联联对对；对对对对，联联联联（作者未详）

还可以用'雕刻''评论'等来对，这里不一一细述。

其十一：清朝名联'烟锁池塘柳'

烟锁池塘柳。

出处：此联堪称对联中极品，无论描景，韵律都堪称完美。最初见于三百年前的《中州草堂遗集》。著者陈子升在书中对了三个下联，分别是：
（1）上联：烟锁池塘柳
　　　下联：灯垂锦槛波

（2）上联：烟锁池塘柳
　　　下联：烽销极塞鸿

（3）上联：烟锁池塘柳
　　　下联：钟沉台榭灯

这三个对联皆可对，但皆有瑕疵。

分析：此联不仅诗意盎然，音韵婉转，而且五个字的边旁含有五行'木火土金水'。这使得这个上联在看似普通的字眼上，有着不可忽视的难度。这也使得三百年来，对对联有兴趣的骚人墨客无不跃跃欲试。据《巧对续录》，有一个有趣的传说，一文人与一武士拼酒斗才。拿'烟锁池塘柳'比试谁对的高明。文士性格文雅，对云：
上联：烟锁池塘柳
下联：秋金涧壑松
武士性格则粗犷，对云：
上联：烟锁池塘柳
下联：炮镇海城楼

后人评曰，文武二人皆出自各自心思而对，文士所对意境甚佳，秋天给涧壑的松树镀了金，平仄也合乎规律；武士所对亦不错，但按对联的规则看，平仄不符，不是合格的对句。但三百多年来，武士的'炮镇海城楼'似乎更流行，这是抛弃了对联基本规则的怪现象。

另有清代的《南楼随笔》，载有一江苏地方官的对句：
上联：烟锁池塘柳
下联：炮架镇江城
此对平仄声韵亦不工。

此后，历代各地对句不穷，似乎都要一对过瘾。更有人用音调'宫商角徵羽'来借对。试举一例：
上联：烟锁池塘柳（古人佚名）
下联：雨搅紫宫殇（古人佚名）
此对句另辟蹊径别出心裁，但亦败在平仄声律上。
历代所对不计其数，有少数合格者，详见《南楼随笔》《清稗类抄》《名联趣谈》等，此文不一一抄录列举。
……

之所以把这个诗意盎然的美联重翻出来，是因为笔者见着如此优美的对联，亦不禁兴高采烈，不对一对，难以安然。

试用'东西南北中'五方位对'木火土金水'五行。

（1）

上联：烟锁池塘柳（古人佚名）
下联：茈栖冲湳崬（书海）
注：茈，一种野蓬名。冲湳，河名。崬，山名。

（2）

上联：烟锁池塘柳（古人佚名）
下联：冰封營镇梅（书海）

（3）

上联：烟锁池塘柳（古人佚名）
下联：燹销河坝林（书海）

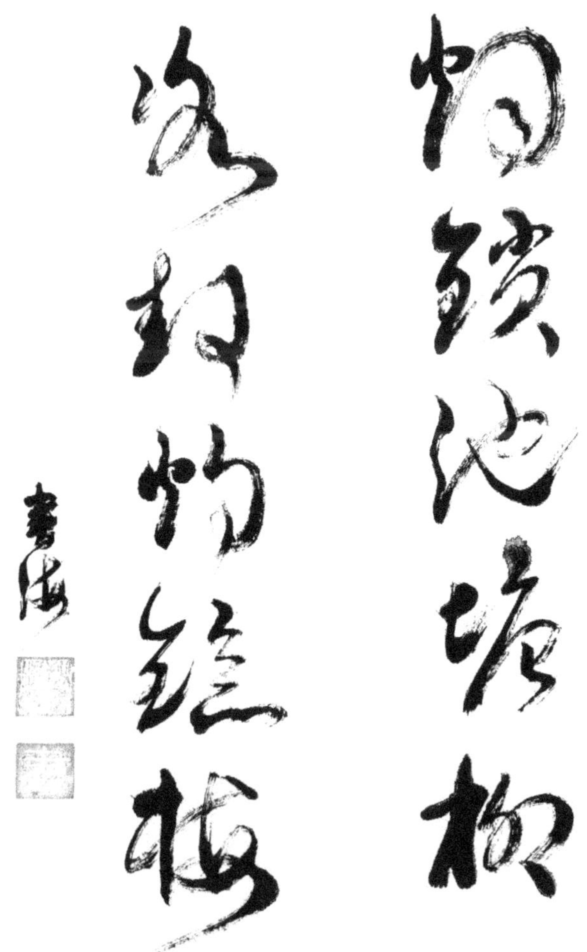

其十二：清朝遗联'大小姐，上河下，坐南朝北吃东西'

大小姐，上河下，坐南朝北吃东西。

出处：此联是刻在江苏省淮阴市河下镇的一个著名饭店----文楼的柱上的一个下联。上联至今空着。这副下联难倒了六下江南的乾隆皇帝，也难倒了无联不对的纪晓岚。

分析：'大小姐'，是江浙一带对未出嫁的大姑娘的称呼，也是家中数个姑娘中最大的小姐的称谓。组词甚为有趣，'大'与'小'分明相反字义的字排在一块，让外地人听了相当好笑。此称谓在当地约定俗成，形成当地的文化。

'河下'是地名，指河下镇。'上'是'去'或'到''来'的意思。'东西'一词指食物，非指方向。

此联平仄未合规则，非合格对联。只是有趣，当归属殊异奇趣联。

试对：

（1）

用'前后左右'对'东西南北'

上联：古老儿，前海中，顾后瞻前呼左右（书海）
下联：大小姐，上河下，坐南朝北吃东西（文楼刻柱单联）

注：前，前往；海中，北京海淀海中市场；左右，随从也。

（3）借谐音字'候'假对'后'

上联：老先生，候斋前，鉴古思今看《中外》（书海）
下联：大小姐，上河下，坐南朝北吃东西（文楼柱刻单联）

注：斋前，指书斋。

其十三：名胜古迹遗联'阅江楼，阅江流，阅江楼上阅江流，千古江楼，千古江流'

阅江楼，阅江流，阅江楼上阅江流，千古江楼，千古江流。

出处：此联出自南京阅江楼的楹联。

分析：阅江楼，楼名，位于南京狮子山上，高五十多米，登其楼，江景尽收眼底。故有'阅江流'之感慨。'楼''流'同韵，读起来有回旋反复层层递进的音韵美。此联末字平声，为下联，并无难度。阅江楼上刻有上联。整对为：

上联：印月井，印月影，印月井中印月影，万年月井，万年月影（阅江楼楹联）
下联：阅江楼，阅江流，阅江楼上阅江流，千古江楼，千古江流（阅江楼楹联）

乍一看，似乎对得很共整。'印月井'对'阅江楼'；'月影'对'江流'，很好。但严格来讲，'万年'与'千古'意同，难免犯了对仗中'合掌'之病，不禁为其扼腕。

试对：

以'关山月'对'阅江楼'

（1）

上联：关山月，关山色，关山月下关山色，一新山月，一新山色（书海）
下联：阅江楼，阅江流，阅江楼上阅江流，千古江楼，千古江流（阅江楼楹联）

（2）

上联：眺海阁，眺海客，眺海阁中眺海客，几番海阁，几番海客（书海）
下联：阅江楼，阅江流，阅江楼上阅江流，千古江楼，千古江流（阅江楼楹联）

其十四：当代报刊全国征联‘五岳之外有天岳’

五岳之外有天岳。

出处：此联是近年由地方旅游公司为了发展当地旅游业宣传旅游景点而发起的全国性重奖征联。据报道，应征对句过万，经评委会层层遴选，最终评定五个对句为入围作品。其详如下：

（1）应征下联：六亲其尊唯母亲（作者未详）
（2）应征下联：三皇其首是羲皇（作者未详）
（3）应征下联：群经至尊唯易经（作者未详）
（4）应征下联：九霄以下数罗霄（作者未详）
（5）应征对联：万山其中慕阜山（作者未详）

分析：五岳为东岳泰山、西岳华山、南岳衡山、北岳恒山、中岳嵩山。在这五岳之外还有一个‘岳’！----天岳幕阜山！这个征联活动让人们知道在我国著名的五岳之外还有一个旖旎绝秀的天岳幕阜山。‘五岳之外有天岳’作为一个广告语，效果当然好。但作为一个联，按照对联的规则和要求，却未臻佳联，因为平仄声律不合要求，当归为殊异联。其句末字为仄声，属于上联。

‘五岳’‘天岳’是天文地理类别的名词，当以天文地理类的名词为对。比如，‘河’对‘海’，‘山’对‘岳’之类。应征入围之联用‘六亲’‘三皇’对‘五岳’文不对题，扯得太远。人家说山岳，你却答以亲人、皇帝、经书，答非所问矣！对联对联，既对又联，只对不联，不成好联矣！第(4)‘九霄以下数罗霄’与第（5）‘万山其中慕阜山’方能当仁不让，入围候奖矣！

试对：

以‘三山’对‘五岳’

上联：五岳之外有天岳（幕阜山征联）
下联：三山其上是人山（书海）

其十五：清朝乾隆帝趣联'东当铺，西当铺，东西当铺当东西'

东当铺，西当铺，东西当铺当东西

出处：传说此联系乾隆皇帝所作。是联妙在方位词的东西在联中已经不当方向词使用。而是指代物品。任何把末尾两字'东西'当成方位词来对的对联都是错误的。据说，随行的纪晓岚当场就对了'南通州，北通州，南北通州通南北'，纪晓岚是大才子，不会犯此低级错误。所谓纪晓岚对联疑似后人伪托。

分析：欲对此联，只要把方位词的'东西'与指代物品的'东西'区别开来，就容易破解并巧对。

试对：
以'左右'对'东西'。'东西'在不当做方位词时，有'物品'之意。同样，'左右'在不代表方位时，可指代'随从人员'。

（1）

上联：左教堂，右教堂，左右教堂教左右（书海）
下联：东当铺，西当铺，东西当铺当东西（传为乾隆帝作）

（2）
用'今古'对'东西'。当'今古'不特指'今'与'古'时。可指代'历史'

上联：今舞台，古舞台，今古舞台舞今古（书海）
下联：东当铺，西当铺，东西当铺当东西（传为乾隆帝作）

可对的还有不少，恕不一一列举。

其十六：古趣联'一秦半春秋'

一秦半春秋。

出处：此联来自互联网。传为古人所作，系几百年以来绝对之一。

分析：此联涵义，从字面上看，一个秦朝（公元前221年至公元前206年），太短了，整个朝代只有十五个年头，连一半春秋都抵不上……这样的顾名思义不免牵强。但'秦'与'春秋'确实也难以比拟，很难扯上关系。春秋战国大约在公元前771年至公元前256年之间，而秦朝在公元前221年至公元前206年前。无论政治经济文化都无法比较。所以，从字面上看，此联没有实际的具体的含义，只可'意会'了。

可以把此联当成单纯的拆合体对联。'春''秋'各取半字组成一个'秦'。平仄不规范，属于殊异趣联。

试对：

（1）

若把'秦'理解为秦朝，则用'明'对它，明朝对秦朝，可对。

上联：有明皆日月（书海）
下联：一秦半春秋（古代遗联）

（2）

用两汕（'汕头''汕尾'）对一秦

上联：两汕全山水（书海）
下联：一秦半春秋（古代遗联）

（3）按简化字的'宝'拆解来对。

上联：独宝有家国（书海）
下联：一秦半春秋（古代遗联）

（4）宽对：
当'半'字不作量词，当动词时：

上联：唯夵含大小（书海）
下联：一秦半春秋

作者书法作品：天之涯

其十七：清朝遗联‘书生书生问先生，先生先生’

书生书生问先生，先生先生

出处：据传出于清代。

分析：此联构思奇巧，令人不禁捧腹。学生课本里遇到生僻字请问老师，没想到，对老师来说更先是生僻字。老师与学生，是上下级关系。据传本联早有一对句：‘步快步快追马快，马快马快’。‘步快’与‘马快’，据《清史稿、食货志一》云："凡衙署应役之皂吏、马快、步快、小马……皆为贱役"故，马快与步快是同事间关系，是平行关系，而老师学生是上下级关系，非平行关系。故‘步快’与‘马快’对‘书生’与‘先生’非工对。

第一个‘书生’即书生本义。第二个‘书生’一词在本联中应作分开解释：‘书’指‘书本’‘课本’或者‘书写’，‘生’作‘生僻’‘生疏’解。句末‘先生’也是分开解释，‘先’解释为‘先于’‘先就’。‘生’解释为‘生僻’‘生疏’。

是联平仄不合规范，非合格联句，当属于殊异趣联。末字平声，为下联。

试对：

（1）
用‘总长’与‘局长’的上下级关系来对。

上联：局长局长嘲总长，总长总长（书海）
下联：书生书生问先生，先生先生（清朝遗联）

上联解释：局长在政绩上局部增长了就嘲笑总长，岂知道总长总体上比他增长了。
下联解释：书生在学习上书本生疏了就请问先生，没料到先生已经先于他生疏了。

（2）
当‘书’用作动词时。解释为‘书写’

上联：营长营长傲首长，首长首长（书海）
下联：书生书生问先生，先生先生（清朝遗联）

上联解释：营长在营运管理上增长了业绩就对首长傲慢，岂知道首长首先增长了业绩。

下联解释：书生在临摹书写时遇上了生僻字向先生请教，没料到先生更早是生僻字了。

附宽对：
（1）

上联：业主业主成苦主，苦主苦主（书海）
下联：书生书生问先生，先生先生（清朝遗联）

（2）
上联：郡主郡主从后主，后主后主（书海）
下联：书生书生问先生，先生先生（清朝遗联）

（3）

上联：学道学道崇老道，老道老道（书海）
下联：书生书生问先生，先生先生（清朝遗联）

注：学道：学道者。

（4）
上联：邪道邪道欺公道。公道公道（书海）
下联：书生书生问先生，先生先生（清朝遗联）

其十八：唐朝李贺诗联 '天若有情天亦老'

天若有情天亦老。

出处：唐朝李贺《金铜仙人辞汉歌》的诗句。全诗如下：
《金铜仙人辞汉歌》
魏明帝青龙元年八月，诏宫官牵车西取汉孝武捧露盘仙人，欲立至前殿。宫官既拆盘，仙人临载，乃潸然泪下，唐诸王孙李长吉遂作《金铜仙人辞汉歌》
茂陵刘郎秋风客，
夜闻马嘶晓无迹。
画栏桂树悬秋香，
三十六宫土花碧。
魏宫牵车指千里，
东关酸风射眸子。
空将汉月出宫门，
忆君清泪如铅水。
衰兰送客咸阳道，
天若有情天亦老。
携盘独自月荒凉，
渭城已远波声小。

译文：

魏明帝青龙元年八月，诏宫官牵车西取汉孝武捧露盘仙人，欲立置前殿。宫官既拆盘，仙人临载，乃潸然泪下。唐诸王孙李长吉遂作《金铜仙人辞汉歌》。

茂陵里长眠的刘郎，像秋风般一拂而过的过客。

夜里听到他的神马嘶鸣，天亮却杳无踪迹。

画栏旁边棵棵桂树，依然缭绕着深秋的香气。

三十六个宫殿里，一片片苔藓碧绿。

魏国官员驱车载运铜人，直向千里外的异地。

刚刚走出长安东门，寒风直射人的眼珠里。

只有那朝夕相处的汉月，伴随铜人走出官邸。

怀念起往日的君主，铜人流下如铅水的泪滴。

枯衰的兰草为远客送别，在通向咸阳的古道。

上天如果有感情，也会因为悲伤而变得衰老。

独自携带盘儿，在荒凉的月色下身影孤独。

眼看着长安城渐渐远去，渭水波声越来越小。

分析：此联言如果苍天有感情的话，在目睹了人间的悲欢离合，也会因为感伤而苍老吧！

以诗句作对联，无论平仄声律，诗韵意境都臻高雅。诗句运用拟人手法，情真意切，直抵心海深处。这是从心底处发出的感慨！无疑是联中佳品。可谓标准对联。

试对：

用天文类词汇相对：

（1）

上联：天若有情天亦老（唐朝，李贺）

下联：月如无恨月长圆（书海）

（2）

上联：天若有情天亦老（唐朝，李贺）

下联：地因无负地尤青（书海）

其十九：明、清朝遗联'葛布糊窗，诸格孔明诸格亮'与'名月照纱窗，格格孔明诸格亮'

葛布糊窗，诸格孔明诸格亮

出处：
关于此联的出处有多种传说，有言出自明朝的，有言出自清朝的；联句本身也有各种版本。笔者细细地查阅了一些历史资料，最早的联句应是'葛布糊窗，诸格孔明诸格亮'然后变为'葛布糊窗，格格孔明诸葛亮'。再后来，'葛布'变为'夏布'（虽然说葛布就是夏布，但在此联中有微妙的区别），再再后来，此联扯上清代名臣纪晓岚和其爱妾的传说。纪晓岚爱妾沈明玕是个才女，最得纪晓岚疼爱。两人关系也最密切，闲暇谈诗论赋吟句作对，乐在其中。纪晓岚自恃才高，曾言'天下无不对之对'。沈明玕就作了一句"明月照纱窗，个个孔明诸格亮"让纪晓岚对对。结果，纪晓岚打脸了。

分析：
夏布也是葛布，诸葛亮字孔明，诸葛孔明，就是诸葛亮。古人都有双名字。葛布因质地疏松，孔隙较大，透光性强，宜于糊窗。而且古代都是木框窗户，一个窗户有许多格。因此，葛布糊的窗，每个木格都透亮。从字面上看，句子含义浅显明白。奇妙在于，葛布的'葛'与复姓诸葛的'葛'同字同音。'诸格孔明'与'诸葛孔明'谐音。'诸格亮'与'诸葛亮'谐音。糊窗会糊出个'诸葛孔明'。联句十分奇巧有趣。几百年来应对者层出不穷，但皆无工对者，遂成绝对。
此联中出现历史名人诸葛孔明，诸葛是复姓。按对联的规则，复姓对复姓，人名对人名。
试对：
（1）
用'司马君实，司马光'来对'诸葛孔明，诸葛亮'。司马光系北宋政治家、史学家、文学家，官至龙图阁学士，编撰《资治通鉴》，卒赠太师、温国公。
上联：葛布糊窗，诸格孔明诸格亮（谐音'诸葛孔明诸葛亮'）（古代遗联）
下联：马倌量厩，司码君实司码光（谐音'司马君实司马光'）（书海）
注：葛布糊贴的木制窗户，每个窗格细孔透明，光线清清亮亮；
　　马倌丈量马厩的尺寸，计算尺码君子诚实，司码明明白白。
　　（2）
　　上联：葛布糊窗，格格孔明诸格亮（谐音孔明诸葛亮）（古代遗联）
　　下联：马倌量厩，码码文正司码光（谐音文正司马光）（书海）
　　注：司马光又名司马文正。
（3）
上联：明月照纱窗，格格孔明诸格亮（谐音诸葛亮）（传为沈明玕作）
下联：实尺量玉簪，码码君实私码光（谐音司马光）（书海）
（注意：上下联第一个字与第九个字同）
附宽对：
（一）用朝鲜战争英雄第五雄（又名第五汉杰）来对：
上联：葛布糊窗，诸格孔明诸格亮（谐音诸葛孔明诸葛亮）（古代遗联）
下联：武装卫国，第五汉杰第五雄（同音第五汉杰第五雄）（书海）
（注：上下联第一个字与第六第十谐音）
（二）
用民国闽都名女百里香（又名百里果馥）来对：
上联：葛布糊窗，诸格孔明诸格亮（谐音诸葛孔明诸葛亮）（古代遗联）
下联：李花连苑，百粒果馥百粒香（谐音百里果馥百里香）（书海）

其二十：当代作家海韵一联'人生欲悟空，必须八戒'

人生欲悟空，必须八戒

出处：此联出自于当代作家海韵一。

分析：人生苦短、苦累、苦悲欢离合。但能不能悟空一切，很必须的，要做到八戒。联意很浅显明白。平仄排列为：平平仄仄平，平平仄仄。很标准的平仄交错，是个标准联。

有趣的是，是联含两个人物，一是孙悟空，一是猪八戒。均是《西游记》里虚构的神佛。

试对：
用历史上实际的人物对小说中虚构的神佛。试以唐朝的人物武承嗣和武三思对孙悟空和猪八戒。

（武三思，唐朝并州人。武则天的侄子，武州時封梁王。死於重俊之变。

武三思因是武后的姪子而獲起用，一直累進至兵部、礼部尚书，並監修國史。天授元年（690 年），武则天称帝，封武三思為梁王，賜封一千戶。

武三思性格跋扈，又善於阿諛奉承，心狠手辣，陷害忠良，排除异己。武三思以韓王、魯王等和起兵反武的越王李贞、琅邪王李沖等通謀，均賜死，並盡殺其黨羽。

武后曾欲立武三思為太子，為狄仁杰所阻，但武三思仍受武后所信任。神龙元年（705 年），唐中宗复辟，武三思進位司空、，降封德静王。武则天駕崩後，武三思為專權，濫杀无辜，並以此為樂。與韦皇后、上官婉儿勾搭成奸，成了上官婉兒的情夫，而兒子武崇训跟媳婦安乐公主密謀廢太子李重俊，讓安樂公主當皇太女。

景龙元年（707 年），太子李重俊發動景龙之变，殺死武三思、武崇训。但李重俊起事也旋即失敗，被左右所殺。

中宗追封武三思為梁王，諡宣，並以李重俊首级祭祀之。

武承嗣（649 年－698 年 7 月 22 日），并州武兴县（文水縣，即今山西省文水县）人，唐荆州都督武士护之孫，女皇武则天異母兄武元爽之子。

早年曾隨父被流配振州（今海南三亚）。咸亨五年（674 年）三月，由於武士护周國公的爵位無人繼承，武则天奏請將武承嗣召回，襲爵周國公。夏四月，即升為宗正卿。

光宅元年（684 年），授礼部尚书，並封魏王。永昌元年（689 年），遷天官尚书。天授元年（690年），進文昌左相。

天授二年（691 年）九月，武承嗣令凤阁舍人张嘉福，唆使洛陽人王庆之等數百人上表，請立武承嗣為太子。长寿元年（692 年），大臣李昭德以武承嗣既為親王，又為宰相，權勢太重，建議罷免武承嗣的宰相職務。當年，武承嗣被罷為特進。

圣立元年（698 年），唐中宗李显復被立為太子，魏王武承嗣做太子的幻想徹底破滅，憂憤而死。贈太尉、並州牧，追諡曰宣。）

上联：人生欲悟空，必须八戒（海韵一）

下联：命运因承嗣，尚且三思（书海）

其二十一：当代武林小说家古龙联'冰比冰水冰'

冰比冰水冰。

出处：

这个联的出处有个传说：
古龙曾提过他和金庸、倪匡三人一同饮酒。席间出对联助兴，不失文人本色。
酒过三巡 菜过五味。古龙说：「听好,我出的联是"冰比冰水冰",诸位赐教！」
沈默良久，金庸推说今晚酒喝过量,思路麻醉了，明天再奉告下联。但是，何止明天？直到今天金庸与倪匡两人都没想出下对句.......
后来，金庸说：'此联不通'
......
按对联的规则来看，'冰比冰水冰'确实不是一个合格的对句。语调土俗不雅，平仄错乱，一个只有五个字的句子中，竟有三个'冰'字。
分析：联意浅显如话，言冰块比冰水来的更冰冷些。第一个'冰'指浓缩凝固的冰块。第二个'冰'指液化的冰（融化变成冰水）。第三个'冰'是形容词，意为'冰冷'。平仄不符规则，属于殊异趣联。
对句时须注意，五言中有四个字都含有'水'字。这是这个联句的难度之一。
试对：（1）
以'雪'对'冰'，用大自然产物相对。
上联：雪逊雪霙雪（书海）
下联：冰比冰水冰（古龙）
注：雪霙，雪华。末字'雪'当形容词用，意为雪白。
（2）
以'木'对'冰。
上联：木逊木人木（书海）
下联：冰比冰水冰（古龙）
附宽对：
（一）
上联：苦如苦草苦（书海）
下联：冰比冰水冰（古龙）
（二）
上联：鬼逊鬼魅鬼（书海）
下联：冰比冰水冰（古龙）

其二十二：当代网络征联'金点策划点石成金'与'金点子点石成金'

A：
金典策划点石成金。

出处：出自互联网。作者不详。

分析：完全现代流行语。意为好的谋划好的运营可以起到点石成金的效果。联中头尾两个金字，第二第五两个点字。给对句者增加了难度。平仄不规范，当属于殊异趣联。末字平声，为下联。

试对：五行'木火土金水'中，用'土'对'金'

上联：土法炮制法古不土（书海）
下联：金点策划点石成金（作者不详）

B：
金点子点石成金。

出处：互联网，作者不详。

此联与 A 联类似，不再做详细分析。

试对：

上联：玉锁儿锁心如玉（书海）
下联：金点子点石成金（作者不详）

其二十三：当代网络征联'兵走冰，兵吃冰，冰得兵嘴冰'与'兵走冰上兵吃冰，兵心冰凉'

'兵走冰，兵吃冰，冰得兵嘴冰'
'兵走冰上兵吃冰，兵心冰凉'

出处：来自互联网。

分析：二联意俱浅显：一个兵士走在冰面上，渴了就吃冰，结果嘴巴被冰得难受，心里凉飕飕的。

此二联平仄排列皆不规则，归属殊异联；用字口语化，略显平淡。因'冰'与'兵'谐音而有趣。末字平声，属下联。

试对：
冰火两重天，用'火'对'冰'。

（1）
上联：伙遭火，伙发火，火引伙心火（书海）
下联：兵走冰，兵吃冰，冰得兵嘴冰（作者不详）

（2）
用'将'对"兵"。

上联：将嗜酱，将求酱，酱使将心酱（书海）
下联：兵走冰，兵吃冰，冰得兵嘴冰（作者不详）

（3）
上联：将试酱时将吞酱，将喉火热（书海）
下联：兵走冰上兵吃冰，兵心冰凉（作者不详）

衍生精缩联：

上联：火火伙，伙肝火（书海）
下联：冰冰兵，兵心冰（书海）

其二十四：民国遗联'前中山，后中山，前后中山葬钟山'

前中山，后中山，前后中山葬钟山。

出处：相传这是民国期间的征联。 1925 年中华民国总统孙中山先生辞世，1929 年安葬于中山陵（即钟山亦名紫金山），当时有人写了一个上联："前中山，后中山，前后中山葬钟山"。发表于当时的《中央日报》上，向全国公开征求下联。该上联联语精辟、通俗易懂，一时引来不少楹联高手应征。但近百年来，对的联虽多，却还没有被大家认可的下联。

分析：

前"中山"指明朝开国大将徐达，曾任"右丞相，封魏国公"，死后追封"中山王"，故称之为"前中山"；后"中山"指革命先驱、民国总统孙中山先生。他们逝世后都葬在南京的钟山上。

对联的基本要求是,平仄合律、对仗工整、声韵抑扬顿挫、文意切题。既相对又相联。平仄合律是基础、对仗工整是关键、文意切题为目的。如果文意不切题，那就成了只对不联，各说各的，也就是无的放矢。

此联有些难点，联中有三个"中山"。而'中'和'钟'，音同字不同，前两个"中山"是人名，最后一个"钟山"是地名。前两个"中山"一是人名，一是封号名，如果要求工整，下联的最后的两个同音字，也要与前两个含义不一样。

此联平仄不合对联基本规则，是个殊异趣联；末字为平声，属于下联。

试对：

用'上海'对'中山'作无情对：

上联：古上海，今上海，古今上海变商海（书海）

下联：前中山，后中山，前后中山葬钟山（民国时期《中央日报》征联）

其二十五：清代遗联 '一张琴上七条弦，弹出五音六律'

一张琴上七条弦，弹出五音六律。

出处：此联出自清代《坚瓠五集》。

分析：'五音六律'指古代音律。古人把宫、商、角、徵、羽称为五音，从宫到羽，按照音的高底排列起来，形成一个五声音阶，即：

宫 商 角 徵 羽

1 2 3 5 6

后来再加上变宫、变徵，就形成七个音阶之一——雅乐音阶，即：

宫 商 角 变徵 徵 羽 变宫

1 2 3 #4 5 6 7

例如："高渐离击筑，荆轲和而歌，为变徵之声。"（《荆轲刺秦王》）

古书常把五音或五声和六律并举。律，本指用来定音的竹音，后来成为我国古代音乐方面的专门名称。即：黄钟、太簇、姑洗、徵宾、夷则、无射。例如：

"夔于是正六律和五声。"（《察传》）

"师旷之聪，不以六律不能正五音。"（《孟子》）

八音是我国古代对乐器的统称。具体指金、石、土、革、丝、木、匏、竹八类。

此联中的七弦琴也是古代乐器。一张七弦琴，弹奏出五音六律。语言平白无奇，只是句中含有数字'一''七''五''六'。使此联平淡中出奇，略显有趣。平仄合律，是个合格联。末字仄声，为上联。

试对：

俗话说'琴棋书画'。用'画境'对'琴弦'

上联：一张琴上七条弦，弹出五音六律（《坚瓠五集》）

下联：半面墙中一幅画，添来万紫千红（书海）

（2）

上联：一张琴上七条弦，弹出五音六律（《坚瓠五集》）

下联：半幅画中几朵蕊，招来百蝶千蜂（书海）

其二十六：当代网络征联‘陋室提镭，居里居然居这里’

陋室提镭，居里居然居这里。

出处：出自互联网，作者不详。

分析：在陋室里做实验提取镭元素，居里夫人居然在这样简陋的地方居住。‘居里’指波兰裔法国籍科学家居里夫人。她是放射性元素研究的先驱者，是第一位获得诺贝尔奖的女性。
联中含有三个‘居’字，并巧妙地把‘居里’演变为‘居这里’。毫无雕琢痕迹。
平仄排列为：仄仄平平，平仄平平平仄仄。平仄错落有致，不失为一个标准而有奇巧的联句。末字为仄声，是个上联。

试对：

用同样获得过诺贝尔奖的文学家莫言来对。

上联：陋室提镭，居里居然居这里（作者不详）
下联：雄文藏理，莫言莫是莫此言（书海）

附宽对：

用著名诗人顾城的‘城’对居里的‘里’来作无情对

上联：陋室提镭，居里居然居这里（作者不详）
下联：大洋作隐，顾城顾此顾何城（书海）

其二十七：清朝遗联‘閒看門中月，思耕心上田’

閒看門中月，思耕心上田。

出处：出自互联网。作者不详。有传说清朝有一个九岁的孩童去县里参加考试。考官视其年幼，便好奇想试试他。考官出一联曰：‘閒看門中月’。九岁童不假思索，脱口应答曰：思耕心上田。考官惊奇才，对其青睐有加。有人把这对对联做为一下联，求上联。

分析：

悠闲地观看照射到门中的月色，思想着耕种心上的田畝。此联联意含蓄。月色中，心中的那一块荒芜的天地，真的要好好耕一耕了。

联中‘閒’字拆解为‘門’和‘月’（这是繁体字写法，现今使用的是简化了的‘闲’字），故曰‘門中月’；‘思’字拆解为‘田’和‘心’。田在心之上，故曰‘心上田’。

是联平仄的排列为‘平仄平平仄，平平平仄平’。合乎对联规范，是个标准的对联。末字平声，为下联。

试对：

找字拆解来对：

上联：坐评土上人，攞走手边鹿（书海）
下联：閒看門中月，思耕心上田（古人）

其二十八：当代网络征联‘赏中秋醉酒杏花村’

赏中秋醉酒杏花村。

出处：来自网络。

分析：中秋赏月醉酒在杏花村。联意浅显，有趣的是，赏月醉酒场所设定在杏花村。这‘杏花村’使人联想到杜牧的诗句："牧童遥指杏花村"。顿时有了诗情画意，含意无穷。平仄排序为仄平平仄仄仄平平。不合声律，属殊异联。末字平声，为下联。

中秋是一个节日，对句时最好也用节日相对。特指的‘杏花村’也用一个特指的场所来对较为贴切。

试对：

用‘上元节’对‘中秋节’；用‘金銮殿’对‘杏花村’

上联：庆上元明灯金銮殿（书海）
下联：赏中秋醉酒杏花村（作者不详）

可对‘杏花村’的词组颇多，恕不一一列举。

其二十九：清代遗联'烟沿艳檐烟燕眼'与'燕沿檐，烟烟燕眼'

(A)：烟沿艳檐烟燕眼。

出处：关于此联，有个有趣的典故出自清代。相传有一人在家里生火，灶间柴烟沿着艳丽的屋檐涌入了燕子窝中，燕子叽叽喳喳地乱飞，似乎被烟了眼睛看不见。此人忽生灵感，写出一句上联：烟沿艳檐烟燕眼。七字同音、讲述了一个有趣的故事，并以此索对。
　　此联的难度是七字同音。
　　据说，此联至今无对！

分析：此联意为柴烟缭绕，沿着华丽的屋檐，烟到了燕窝里，甚至烟了燕子的眼睛。联中七个字同音，平仄排序为平平仄仄平仄仄。不合声律，当属殊异趣联。末字仄声，为上联。
与'烟'能对的考虑到'雾''岚''虹''霞''霭''瘴'"霖"等。
试对：
（1）
用'雾'对'烟；用'鹜'对'燕'。

上联：烟沿艳檐烟燕眼（清代遗联）
下联：雾捂污屋雾鹜坞（书海）
下联平仄排序：仄仄平平仄仄平。新韵合律。
注：上联：炊烟沿着华丽的屋檐烟到了燕子的眼睛。
　　　下联：雨雾捂住污秽的鸟窝雾裹了鹜鸟的土坞。
（2）
用'霖'对'烟'
上联：烟沿艳檐烟燕眼（清代遗联）
下联：霖淋凛檩霖麟鳞（书海）
或：
上联：烟沿艳檐烟燕眼（清代遗联）
下联：霖临凛廪霖麟鳞（书海）

　　　（B）　　　燕沿檐，烟烟燕眼

此类似于（A）

试对：
（1）

上联：燕沿檐，烟烟燕眼（古代遗联）
下联：鹜恶屋，雾雾鹜坞（书海）

（2）
上联：燕沿檐，烟烟燕眼（古代遗联）
下联：麟临檩，霖霖麟鳞（书海）

其三十：当代武林小说作家梁羽生联'花生，生花，落花生'

花生，生花，落花生。

出处：传说此联由武打小说作家梁羽生所创。

分析：花生，又称落花生。花生在开花受精后，凋落花瓣，果实长在地里。

'花生，生花'是回文体。声律平仄排序为：平平，平平，仄平平。声调不符对联规则，归属殊异趣联。末字平声，为下联。

花生是一种植物，首先考虑找一种植物相对。其次找一些能相对的物品。

试对：

（1）
用植物'淡竹沥'对'落花生'

上联：竹沥，沥竹，淡竹沥（书海）
下联：花生，生花，落花生（梁羽生）

注：竹沥又名淡竹沥，是一种植物，也是一味中药。

（2）
用中药'铁落'对'花生'

上联：铁落，落铁，生铁落（书海）
下联：花生，生花，落花生（梁羽生）

注：

铁落，中药名。又名生铁落，铁屎，铁屑，铁花等。为生铁煅至红赤、外层氧化时被锤落的铁屑，原矿物为磁铁矿 Magnetite。具有平肝镇惊，解毒敛疮，补血之功效。主治癫狂，热病谵妄，心悸易惊，风湿痹痛，疮疡肿毒，贫血等症。

（3）
用植物'香附'（又名生香附）对'花生'

上联：香附，附香，生香附（书海）
下联：花生，生花，落花生（梁羽生）

其三十一：前代遗联'妆罢低声问夫婿，念奴娇否'

妆罢低声问夫婿，念奴娇否

出处：来自互联网。

分析：'妆罢低声问夫婿'是一句唐诗，是唐代闽籍诗人朱庆馀诗作《闺意献张水部》的句子，亦作《近试上张水部》全诗为：

《近试上张水部》
　　　　　　　（朱庆馀）
洞房昨夜停红烛，待晓堂前拜舅姑。
妆罢低声问夫婿；画眉深浅入时无？
据说这是朱庆馀参加考试前呈献给考官水部员外郎张籍，以试探底细的诗。
'念奴娇'是词牌名。
整联的意思是：化妆结束了，低声问身边的丈夫，会想念奴家（古代女性对自己的谦称）吗？
此联巧妙地把诗句与词牌名联合成一句上联，天衣无缝，恰如羚羊挂角浑然无迹。欲工整地对上此联，必须寻找相应的诗句和相应的词牌名。
试对：
（1）
用现代诗人海韵一《游上林》中的诗句"饮中尽兴媚君王"对'妆罢低声问夫婿'；用词牌'醉花阴'对'念奴娇'。
上联：妆罢低声问夫婿，念奴娇否（作者不详）
下联：饮中尽兴媚君王，醉花阴乎（书海）
注：醉花阴，词牌名。
（2）
用现代诗人海韵一的诗句"耕余矢志伴慈亲"来对。
上联：妆罢低声问夫婿，念奴娇否（作者不详）
下联：耕余矢志伴慈亲，归田乐乎（书海）
注：归田乐，词牌名。

（3）
用现代诗人海韵一的诗句"游终余兴望烟霞"来对。
上联：妆罢低声问夫婿，念奴娇否（作者不详）
下联：游终余兴望烟霞，探芳新乎（书海）
注：探芳新，词牌名。

附录宽对：
（A）
上联：妆罢低声问夫婿，念奴娇否（清代遗联）
下联：风停厚叶聚霜园，撼庭秋乎（书海）
（B）
上联：妆罢低声问夫婿，念奴娇否（清代遗联）
下联：霜临残锦铺园林，惜秋华乎（书海）

注：撼庭秋，惜秋华皆为词牌名。
尚有《澡兰香》《锁窗寒》《应天长》《探春慢》《齐天乐》等词牌可以对。

其三十二：现代遗联'切切不能一刀切'与'切切不能一切一刀切'

（A）切切不能一刀切。

出处：出自互联网。一个作者不详，一个据说出自民国时名人金岳霖。

分析：这是一句平实无华的口语。意为针对任何事任何人都不能一概而论，形式主义。粗俗点，也就是说，一刀下去是切不了所有东西的。这很有哲理。切切，意为务必或者一定。

平仄排序为仄仄仄平仄平仄。无规则，声调错乱。非标准对联，属殊异趣联。末字仄声，为上联。

对联要求，（1）第一第二字与最后一字相同；（2）'切'字含有'刀'字。

试对：
（1）
用'真真'对'切切'

上联：切切不能一刀切（作者不详）
下联：真真未必全具真（书海）

（2）
用实实在在的'实实'对真真切切的'切切'

上联：切切不能一刀切（作者不详）
下联：实实务必从头实（书海）

（3）
用'虚虚'对'切切'

上联：切切不能一刀切（作者不详）
下联：虚虚因此百业虚（书海）

（B）切切不能一切一刀切。

（1）
上联：切切不能一切一刀切（金岳霖）
下联：真真未必全真全具真（书海）
（2）
上联：切切不能一切一刀切（金岳霖）
下联：虚虚所以百虚百业虚（书海）

附备用对：
（a）
上联：切切不能一刀切（作者不详）
下联：勤勤必须尽力勤（书海）

（b）
上联;切切不能一刀切（作者不详）
下联:匆匆诸事万勿匆（书海）

（c）
上联：切切不能一刀切（作者不详）
下联：忙忙岂可全心忙（书海）

上联：切切不能一刀切（作者不详）
下联：忙忙岂可全心忙（书海）

其三十三：民国时期遗联'今夕何夕，两夕已多'

今夕何夕，两夕已多。

出处：传为民国时期遗联。

分析：联意平白。今天是哪一天啊！两天就好像很多天了。这是一个拆合字联。两个'夕'子合成'多'字。平仄排列为平平平平，仄平仄平。声调组合不合联规，属殊异联。末字平声，是下联。

试对：

（1）
以'口'对'夕'

上联：此口亦口，四口却哭（书海）
下联：今夕何夕，两夕已多（民国遗联）

注：哭，读作'qi'，仄声，少之意。解释：这口也是通常的口啊！四个口却那么小。

（2）
上联：此赤常赤，并赤成赫（书海）
下联：今夕何夕，两夕已多（民国遗联）

附宽对：

以'旦'对'夕'

上联：此旦常旦，一旦如亘（书海）
下联：今夕何夕，两夕已多（民国遗联）

其三十四：明朝遗联'一孤舟，二客商，三四五六水手，扯起七八叶风帆，下九江，还有十里'

一孤舟，二客商，三四五六水手，扯起七八叶风帆，下九江，还有十里。

出处：传为明朝遗联，未做详细考证。

分析：此联为镶嵌数字联，顺序从一至十。言两位商人乘船去九江的事。'孤舟''客商''水手''风帆'描绘了一幅生灵活现的画面，实在高明，难怪至今无有能工对的好对联。网络上有人编故事说有某人对出了下联：'十里远，九里香，八七六五号轮，虽走四三年旧道，只二日，胜似一年．'。对句中，以'里远'对'孤舟'；以'里香'对'客商'；词性完全不对。

此联平仄不合律，当属殊异趣联。末字仄声，为上联。欲对此镶嵌数字的联，亦须以数字对之。

试对：

以'浊酒'对'孤舟'；'饮者'对'客商'；'山人'对'水手'……

上联：一孤舟，二客商，三四五六水手，扯起七八叶风帆，下九江，还有十里（古代遗联）
下联：十浊酒，九饮者，八七六五山人，猜过四三轮花拳，换二锅，醉它一场（书海）

其三十五：当代征联'月下渔人，西江打鱼，网碎西江月'

月下渔人，西江打鱼，网碎西江月。

出处：网传为当代广东郁南县籍诗人叶某明先生出句，待详细确认。

分析：联意:渔人在月下的西江打鱼，他一网撒出去，碎了倒影在江中的月亮。这简直就是一幅山水画，意境非常的优美。

此联有几处奥妙之处：（1）首字与末字相同。（2）第三字'渔'含有第八字'鱼'。（3）出现两处'西江'。（4）'西江月'为词牌名。（5）'网'字与'渔人''打鱼'有逻辑上的关联。

平仄排列不规则，属殊异趣联。末字仄声，为上联。

试对：

以'花间'对'月下'；'后庭'对'西江'；'后庭花'对'西江月'

上联：月下渔人，西江打鱼，网碎西江月（创作者待确认）
下联：花间詩客，后庭抒言，情钟后庭花（书海）

其三十六：古代遗联 '水星观观水星，水星不动水星动'

水星观观水星，水星不动水星动

出处：出自互联网。传说古代有一个建在水边的寺观，叫水星观。观里楹柱上有一联句曰：'水星观观水星，水星不动水星动'，一直没有下联。至于寺观所在的具体地点，传说里并没有点明。道听途说，听听而已，不必细究。有趣的是联句：'水星不动水星动'。既说水星不动又说水星动，好像逻辑上有问题。但细品就知道，不动的'水星'指的是'水星观'，动的则是水里的星星（注意哦，不是指天上的水星，传说是古代，古代没有天文望眼镜，哪能看得见宇宙中的水星？）

分析：联意：在水星观里观看倒影在水里的星星，水星观不动，但水里的星星都在摇动。这'水星'并非特指太阳系中的水星，意同'镜花水月'一词中'水月'一样。'水中的月亮''水中的星星'。两个'观'字，同字异义。'水星观'的'观'，指的是寺观，guan 念仄声；'观水星'的'观'字，guan 念平声。
平仄排序不合联规，属殊异联，末字仄声，为上联。

试对：

以'山月'对'水星'；道路的'道'对寺观的'观'

上联：水星观观水星，水星不动水星动（传为古代遗联）
下联：山月道道山月，山月难圆山月圆（书海）

类似：改'道'为'画'

上联：水星观观水星，水星不动水星动（传为古代遗联）
下联：山月画画山月，山月未明山月明（书海）

其三十七：古代遗联'贫僧过江不用船，自有法度'

贫僧过江不用船，自有法度。

出处：出自互联网。传为古联，具体不详。

　　分析：僧人要过江，船家呼其上船。僧人曰："自有法度"（自有办法渡过去）。这个联句让人联想达摩祖师'一苇渡江'的典故。莫非这位僧人的道行功力高到自己有办法度过江去？'法度'字面意义为法律规则，在这里指的是办法、方法。

　　《水浒传》第二八回："武松又问道：'还有甚么法度害我？

《水浒传》第七六回："下官到彼，见机而作，自有法度。"

这联句因是古人所作之联，用语古意。如果是现代，则是讲：'贫僧过江不用船，自有办法'。
这个'度'谐音'渡'。小小巧妙在此。声调平仄排序不合联规，视为殊异联，末字仄声，为上联。

试对：

用道教的'道'对佛教的'僧'

上联：贫僧过江不用船，自有法度（传为古代遗联）
下联：老道登山何须杖，其缘道行（书海）

又：

上联：贫僧过江不用船，自有法度（传为古代遗联）
下联：老道登山何须杖，其可云游（书海）

其三十八：前代遗联‘凤凰台上凤求凰’

凤凰台上凤求凰。

出处：来自互联网，作者不详。

分析：联意平白无奇，在凤凰台上，一只凤向一只凰求偶。
据维词典注释：凤凰，亦称鹮、丹鸟、火鸟、鹲鸡、威凤，是中国古代传说中的百鸟之王。在中国文化中的地位和龍相同。其羽毛一般被描述为五彩，「鳳」为雄性，「凰」为雌性。其圖徽常用來象徵興國祥瑞、孔子《淮南子》：「羽嘉生飛龍，飛龍生鳳皇，鳳皇生鸞鳥，鸞鳥生庶鳥，凡羽者生於庶鳥。」認為鳳凰是飛龍之子。

‘凤凰台’是一个地名，全国各地有多个凤凰台。

1：凤凰台（南京），又稱金陵鳳凰臺，故址於今南京市秦淮区瓦宫寺，亦即李白詩《登金陵凤凰台》所指的地方

2：北京凤凰台，又稱井台山，北京京东大峡谷旅遊區的兩大旅遊區之一

3：凤凰台（湾仔），香港湾仔区的一條私家路

4：郑州鳳凰台，原為鄭州八景之一，現存基台和君子亭

5：咸阳凤凰台，陕西省咸阳市古鳳凰台位於老城區，附近有安國寺等古代遺存

6：凤凰台（德国），德国電視台

7：凤凰台。凤凰卫视的别称。

而‘凤求凰’相傳是汉代文學家司馬相如的琴谱歌词。据《史记》，司馬相如當眾彈奏兩首琴曲，情動卓文君，兩人私奔。《史記》未記載曲名和內容。後世有多首「鳳求凰」被認為是當時司馬相如所做的琴曲。

全曲以「鳳求凰」為通體比興，包含熱烈的求偶、象徵男女主人公非凡的理想、高尚旨趣、知音的默契等意蘊。全言淺意深，音節流亮，感情熱烈奔放而又深摯纏綿，融楚辭騷體的旖旎綿邈和漢代民歌的清新明快於一爐。

《凤求凰》全文如下：

《玉台新咏、卷九》 南北朝徐陵編撰

司馬相如琴歌二首（並序）
（司馬相如游臨邛，富人卓王孫有女文君新寡，竊於壁間窺之。相如鼓琴歌挑之曰：）
鳳兮鳳兮歸故鄉，遨遊四海求其凰。
時未通遇無所將，何悟今夕升斯堂。
有艷淑女在此方，室邇人遐獨我傷。
何緣交頸為鴛鴦，胡頡頏兮共翱翔！ 凰兮凰兮從我棲，得托字尾永為妃。
交情通體心和諧，中夜相從知者誰？
雙興俱起翻高飛，無感我心使予悲。

《史记索隐》 唐朝司馬貞編撰

鳳兮鳳兮歸故鄉，游遨四海求其凰，有一艷女在此堂，室邇人遐毒我腸，何由交接為鴛鴦。
鳳兮鳳兮從皇棲，得託子尾永為妃。
交情通體必和諧，中夜相從別有誰。

《北西厢记》元朝王实甫

有一美人兮。見之不忘。

一日不見兮。思之如狂。

鳳飛翶翔兮。四海求凰。

無奈佳人兮。不在東牆。

張琴代語兮。聊寫微腸。

何時見許兮。慰我徬徨。

願言配德兮。攜手相將。

不得於飛兮。使我淪亡。

历朝历代颇多《凤求凰》作品，不暇枚举。

欲对此联，首选得遴选能与凤凰相匹配动物。像鸳鸯、狼狈等。鸳鸯的鸯因其平声，与凤凰的凰相同，不能做相对的联。故忍痛割弃。狼狈虽属贬语，却可相对。

试对：

用'狼狈'对'凤凰'

上联：狼狈山中狼卫狈（书海）

下联：凤凰台上凤求凰（作者不详）

注：狼狈山位于杭州。《狼卫狈》是一首歌词名，作者为海韵一。《凤求凰》也是歌词。

附宽对：

上联：龙虎山中龙合虎（书海）

下联：凤凰台上凤求凰（作者不详）

注：龙虎山位于江西九江，'龙合虎'某网络推出的彩票名号。

龙与虎是两类动物，凤与凰是一类动物，本不能相对，权当无情对。

其三十九：当代楹联学者征联 '柳青野草绿'

柳青野草绿。

出处：出现于互联网，作者刘占军。

分析：

据网络报道，养牛专业户刘占军先生酷爱对联，业余创作了这个上联并上网征对，三十多年来无有工对。刘占军的征联设有奖品，以一头牛的代价征此联。一时传的沸沸扬扬，让网络热闹了一阵。

此联联意平白但诗情画意。青青的柳树，绿绿的野草，仿佛一幅春天的图画。但看似平白的词汇中隐含着一些小秘密，'柳青'亦指现代作家柳青；'野草'指鲁迅的作品《野草》；'绿'亦指现代作家学者朱自清的作品《绿》。

平仄排序为仄平仄仄仄。虽犯了声律规则上孤平的生病，但亦算合则。末字仄声，属上联，征的是下联。

此联不难破解，网媒言三十多年来无工对，非也。我想，或许大家忙于奔波于人生道，无暇顾此小事，抑或网络爱吹而已。

试对：

用 '梅' 对 '柳'；'山花' 对 '野草'；'香' 对 '绿'

上联：柳青野草绿（刘占军）

下联：梅艳山花香（书海）

注：梅艳，学者名。《山花》，杂志名。《香》，书名，作者为奚密。

其四十：前代遗联‘黄庭坚书黄庭经’

黄庭坚书黄庭经。

出处：见于互联网，作者不详。

分析：联意平白如话。黄庭坚书写黄庭经。黄庭坚简介：生卒年（1045 年－1105 年），字鲁直，號山谷道人，晚號涪翁，洪州分宁县（今江西九江市修水县）人。北宋诗人、书法家，江西詩派祖師。书法亦能樹格，為宋四家之一。
《黄庭经》为道教养生修仙专著。

黄庭坚为人名，《黄庭经》著作名。此联只是利用了两个‘黄庭’同音的特点，使联句有了点趣味。是联平仄排列为平平平平平平平，不合声律规则，归属殊异联。末字平声，为下联。

按对联规则，名词对名词。找相应的对象。

试对：

（1）以‘白居易’对‘黄庭坚’绝配。

上联：白居易谒白居寺（书海）
下联：黄庭坚书黄庭经（作者不详）

注：白居寺位于西藏。

（2）
上联：赤壁红描赤壁赋（书海）

下联：黄庭坚书黄庭经（作者不详）

注：赤壁红，网红名。亦为一色料名。《赤壁赋》，苏东坡作品。

（3）

上联：白鹿灵评白鹿洞（书海）注：白鹿灵，一网络游戏主角，智慧超能力象征。

下联：黄庭坚书黄庭经（作者不详）

其四十一：清朝遗联‘知母乳香金不换’

知母乳香金不换。

出处：见于互联网，作者不详。

分析：知道母亲的乳汁是那样的香甜，即使用黄金也不容交换。联意平白，含义深刻。知母、乳香、金不换，三味中药矣！欲对此联，必须寻找三味能够相对的中药名，方能切题。

平仄排列为平仄仄平平仄仄，合乎对联声律规则，为标准联句。末字仄声，为上联。

试对：

用中药‘佩兰’对‘知母’；‘地锦’对‘乳香’；‘春常来’对‘金不换’

上联：知母乳香金不换（作者不详）

下联：佩兰地锦春常来（书海）

其四十二：宋朝苏东坡名联‘游西湖，提锡壶，锡壶掉西湖，惜乎锡壶’

游西湖，提锡壶，锡壶掉西湖，惜乎锡壶

出处：网传出处，众说纷纭：有的说此联出自清朝乾隆帝，有人说是宋朝苏东坡。如此莫衷一是，还是暂按下，待闲时细做考究。

分析：一个人提着锡壶去游西湖，结果，锡壶掉入西湖，可惜啊锡壶。联意好像在叙述一个故事。故事不是很有趣，但用词很有趣。‘西湖’‘锡壶’‘惜乎’谐音。‘西’‘锡’‘惜’不同韵；‘惜’是古入声十一陌韵。‘锡’是古入声十二锡韵。‘湖’‘壶’‘乎’同属一韵。如果不看字眼光听读音，不知何意，不明所辨。暂且当作古代遗联。

此联为出奇，平仄排列不合联句规则：平平平，平仄平，仄平仄平平，仄平仄平。归于殊异趣联。因有奇趣，且十分难对，故遗留至今。末字平声，属下联。

试对：

（1）

以‘北野’对‘西湖’；‘贝叶’对‘锡壶’

上联：驰北野，背贝叶，贝叶遗北野，悲耶贝叶（书海）

下联：游西湖，提锡壶，锡壶掉西湖，惜乎锡壶（古代遗联）

注：北野，北方的原野。贝叶，贝叶树的叶子叫做贝叶。

（2）

上联：看东海，逢铜铠，铜铠遗东海，动嗨铜铠（书海）

下联：游西湖，提锡壶，锡壶掉西湖，惜乎锡壶（古代遗联）

其四十三：当代网络征联'歪山头，山头不正'与'歪头山，山头不正'

A：歪山头，山头不正。

出处：出自互联网，作者未确认。

分析：歪的山头，它的山头是不正的。还有一说指辽宁本溪的一座名曰歪头山的山。平仄排列为平平平平平仄仄；平平平平平仄仄。平仄失规，属殊异趣联。两联末字都是仄声，均为上联。这也是一个有趣的拆合字对联。'歪'拆解为'不正'。

试对：

拆解繁体字'麼'来对'歪'；用山眉水眼的'水眼'对'山头'

上联：歪山头，山头不正（作者不详）

下联：麼水眼，水眼幺麻（书海）

注：麼，读 mó 或 me.同"麽"。《廣雅•釋詁二》："麼，小也。"《字鑑•果韻》："麼，《説文》：'細也。'俗作麼。"
幺，读作 yao，平声。意思：·1、小；幼小。象子初生之形。俗字作么。·2、细小。熠熠宵行，虫之微么；出自腐草，烟若散熛。——晋·郭璞《尔雅图赞》·3、指排行最末的。如：幺叔 ...

B：歪头山，山头不正

出处同为互联网，歪头山指辽宁本溪的歪头山。
联意与平仄排序与上述 A 同。

试对：用'脚'对'头'作无情对：
上联：歪头山，山头不正（作者未详）
下联：斐脚本，本脚非文（书海）

附宽对：
上联：歪头山，山头不正（作者未详）
下联：何首乌，乌首可人（书海）

其四十四：当代网络征联‘吴刚挥斧，可得多少月薪’

吴刚挥斧，可得多少月薪。

出处：出现自互联网，作者不详。

分析：联意平白。吴刚在月宫中挥动斧头砍伐月中桂树，他每个月可以得到多少的工资啊？

吴刚，是中国古代神话中居住在月亮上的仙人，他被天帝惩罚在月宫伐桂树。仰望一轮明月，可见月亮中有些阴影，传说那是吴刚在伐桂。故事的大意是这样的：
吴刚又叫吴权，是西河人。炎帝之孙伯陵，趁吴刚离家三年学仙道，和吴刚的妻子私通，还生了三个儿子，吴刚一怒之下杀了伯陵，因此惹怒太阳神炎帝，把吴刚发配到月亮，命令他砍伐不死之树——月桂。月桂高达五百丈，随砍即合，炎帝就是利用这种永无休止的劳动作为对吴刚的惩罚。

吴刚的妻子缘妇由于内心负疚，便叫三个儿子，一个叫鼓、一个叫延、一个叫殳斨，飞往月亮，陪伴他们名义上的爸爸，度过那漫长无尽的清冷岁月。吴刚的三个儿子叫鼓的变成了蟾蜍，叫延的变成了玉兔，叫殳斨的变了叫"不详"天癸。从此殳斨开始制作箭靶，鼓、延开始制造钟、磬，制定作乐曲的章法。所以寂寞的广寒宫时常仙乐飘飘。

后世，唐明皇梦游月宫的时候把这些游乐曲记录下来，梦醒，创作了《霓裳曲》。传说唐明皇梦中漫游月宫的时候，吴刚还接见了他呢！只不过当时他面容疲倦，而且他的斧头已经生满了黑锈，破旧的衣袖也因为没有人缝补而破烂不堪罢了。

此联的创作者联想丰富，说吴刚在月宫里砍树有月薪。这‘月薪’有两重含义，一指吴刚砍下来的柴薪；一指每个月的薪水。

平仄排序为‘平平平仄，仄仄平仄仄平’，不合联规，归属于殊异趣联。末字平声，为下联。

吴刚是个传说中的仙人，欲工对此联，亦得思考找相应的神仙，才能相对。

试对：

以‘织女’对‘吴刚’

上联：织女上桥，忽涨翻番星粉（书海）

下联：吴刚挥斧，可得多少月薪（作者未详）

注：织女是汉朝天帝的孙女，常與王母娘娘所生的七仙女的么女混淆。她在天上的工作是编織神仙的衣服以及天上的雲彩，是纺织业者、情侣、妇女、儿童的守護神。

織女下凡遊玩，因故與人間的牛郎譜出戀曲，卻又因故分離。牛郎為爱情設法抵達天界與織女團聚，被西王母（或其他神）發現後，王母用发簪一劃，變出了一條天河（即银河）將两人分開。後西王母被两人真情感动，律定每年旧历七月初七两人可以在鹊桥（喜鹊搭建的橋）上相會，此即為著名的牛郎织女故事。

其四十五：当代网络征联'易容容易'与'易容容易易心难'

（A）

易容容易。

出处：互联网。

分析：易容，即改变容貌。整句意思：改变容貌是容易的。整个句子顺读反读都一样，典型的回文联。平仄排列为'仄平平仄'，符合对联的声律规则，是个标准的对联。末字仄声，是上联。

容易一词的反义词有：烦难（或繁难），困难，困惑等。同义近义词有：单纯，简易，简单，简略，简陋，轻易，便利等等。从这些词组中找能够相对的词。也可以放宽思路，寻其他可以相对的词。

试对：

（1）

上联：易容容易（作者不详）

下联：难色色难（书海）

注：难，做动词用：质问，责问。例：非难。色，色相。

（2）

上联：易容容易（作者未详）

下联：单简简单（书海）

注：单，使之单。简，（一）名词，古代书写用的狭长竹片或木片。例：竹简。
　　（二）名词，书信。例：短简。

(3)使用借对法，借'祈'当'奇'
上联：易容容易（作者不详）
下联：祈神神奇（书海）

（B）
易容容易易心难。

分析：此联比（A）联，意思更深广。把容貌改变容易，把心改变就难。对的方法与（A）相同。

试对：
(1)
上联：单简简单单面简（书海）
下联：易容容易易心难（作者不详）

（2）
用借对法，借'祈'当'奇'

上联：**祈神神奇祈鬼异**（书**海**）
下联：易容容易易心难（作者未详）

其四十六：当代网络征联'晃岩日光照山石'

晃岩日光照山石。

出处：互联网。

分析：晃岩是厦门鼓浪屿上的日光岩之别称。晃岩上的日光照耀着山上的石头。

这是一个拆合字联：'晃'拆解为'日光'；简体字'岩'字拆解为'山石'

平仄排序为'仄平仄平仄平仄'，不规律。归属于殊异联。末字仄声，为上联。

试对：
（1）
借助异体字'脆'对'晃'；用'霖'对'岩'作无情对。

上联：晃岩日光照山石（作者未详）
下联：脆霖月色笼雨林（书海）

注：脆，读作 cui。现代读音第四声。为古仄声。'轻'之意。

（2）
以'淞'对'岩'做无情对：

上联：晃岩日光照山石（作者不详）
下联：脆淞月色洒水松（书海）

其四十七：前代遗联'将军宰相下棋，将军将军，宰相宰相'

将军宰相下棋，将军将军，宰相宰相。

出处：见于互联网。

分析：将军和宰相二人对弈，将军将了对方一军，而宰相把对方的相给吃掉了。下象棋时，要捉对方将军的棋着叫做'将军'，简称'将'，读仄声。宰相的'宰'字，做动词用，有'宰掉''杀掉'之意。将军，军中职位；宰相，朝中行政职位。
句子平仄排序为：平平仄仄仄平，平平仄平，仄仄仄仄。未能合规，归属殊异趣联。末字仄声，为上联。

能对此联的职位官衔很多，甄选能相对的代表职位地位的词汇。

试对：

（1）
用古代的官衔地位相对：

上联：将军宰相下棋，将军将军，宰相宰相（传为古代遗联）
下联：进士举人对阵，进士进士，举人举人（书海）

（2）
用现代行政职位相对：
上联：将军宰相下棋，将军将军，宰相宰相（传为古代遗联）
下联：总理司机赴会，总理总理，司机司机（书海）

……

其四十八：当代网络征联‘大凉山山山小，小凉山山山大，不论大山小山，都是锦绣河山’

大凉山山山小，小凉山山山大，不论大山小山，都是锦绣河山。

出处：见于网络。

分析：大凉山与小凉山位于四川省川滇交界处。并非大凉山的每座山都小，小凉山的每座山都大。创作者只是为了出奇，才有如此之作。非实际也。此联之所以流传于网络上，是因为人们被奇趣吸引只留心字面的巧妙而忽略了实际。大凉山都小，而小凉山却都大，这‘大’与‘小’巧妙地组合，确实给联句增加了一定的难度。

此联口语体，平仄不合对联规定，归属殊异趣联，末字平声，为下联，征上联。

对于这种用地名山名之类的对联出句，也只能找地名山名比较适合。实在找不到时也可以运用无情对对它。

试对：

（1）
用‘灵璧’对‘凉山’（灵璧是河南省一个地方的名字）

上联：古灵璧璧璧新，新灵璧璧璧古，虽分古璧新璧，皆为宝贵玉璧（书海）
下联：大凉山山山小，小凉山山山大，不论大山小山，都是锦绣河山（作者不详）

（2）
用‘丽水’对‘凉山’（丽水是浙江省一个地方的名字）

上联：新丽水水水老，老丽水水水新，无关新水老水，不变清甜泉水（书海）
下联：大凉山山山小，小凉山山山大，不论大山小山，都是锦绣河山（作者不详）

（3）
用‘明月’对‘凉山’作无情对：

上联：圆明月月月缺，缺明月月月圆，何分圆月缺月，皆谓峥嵘岁月（书海）
下联：大凉山山山小，小凉山山山大，不论大山小山，都是锦绣河山（作者不详）

其四十九：当代网络征联‘弹琴谈情，绘画会话’

弹琴谈情，绘画会话

出处：见于互联网。

分析：弹琴的在联络感情谈情交心；绘画的边画画边聊天。有趣的是‘弹琴’‘谈情’‘绘画’‘会话’听上去差不多。谐音的效果使联意更加有趣。活生生的一幅生活画面。

是联平仄排序为：平平平平，仄仄仄仄。不符对联规定。归属于殊异趣联。末字仄声，为上联。

欲对此类谐音联，也得运用谐音字方可巧对。

试对：
用‘舞蹈’对‘弹琴’；‘吟诗’对‘绘画’

上联：弹琴谈情，绘画会话（作者不详）
下联：舞蹈悟道，吟诗殷思（书海）

其五十：民国时期胡汉民联'何所长何所长，有何所长当所长'

何所长何所长，有何所长当所长

出处：见于互联网。有说是民国时期名人胡汉民所创；亦有说是上世纪六十年代古蔺县两位诗人许某卿、许某愈联手创作。有待细作考证。

分析：从联面字义上看，一个姓何的所长，他有什么所长（或才能）？有什么所长当了这个所长呢？'长'字多音多义字，读做'zhang'（仄声）和'chang'（平声），一个意指职位，一个意指才能或特长。

平仄排列无序，不符对联规则，归属于殊异趣联。末字仄声，为上联。

'所长'是个职位，找相应的职位较为合适相对。

试对：

（1）
用'当差'对'所长'（当差：旧时指做小官吏或当仆人）

上联：何所长何所长，有何所长当所长（作者未确认）
下联：曾当差曾当差，因曾当差辞当差（书海）

注：姓曾的小官吏曾当差，曾经出了差错，因为曾经出过差错就被辞掉当差了。'差'多音多义字，读作'chai'（平声）和'cha'（仄声）；一指小职位，一指差错。'曾'也是多音字。

（2）
用'邮差'对'所长'

上联：何所长何所长，有何所长当所长（作者未确认）
下联：曾邮差曾邮差，因曾邮差辞邮差（书海）

注：姓曾的邮差，曾经差错了邮件，因为差错了邮件辞掉了邮差。

附宽对：

（一）
用'秘书'对'所长'
上联：何所长何所长，有何所长当所长（作者未确认）
下联：能秘书能秘书，因能秘书成秘书（书海）
注：姓能的秘书，能够保密文书，因为能保密文书，她当上了秘书。
（二）
用'乐师'对'所长'

上联：何所长何所长，有何所长当所长（作者未确认）
下联：能乐师能乐师，因能乐师成乐师（书海）

注：姓能的乐师，能够让尊师快乐，因为能让为师的快乐，他也当上了乐师。

（三）
用‘菲佣’对‘所长’

上联：何所长何所长，有何所长当所长（作者未确认）
下联：付菲佣付菲佣，因付菲佣跑菲佣（书海）

注：‘菲佣’两指，一指菲律宾佣人；一指‘菲薄的佣金’。

其五十一：前代遗联‘寂寞寒窗空守寡’

寂寞寒窗空守寡

出处：见于互联网，出处不详。

分析：一个寂寞的妇人，在孤单简陋的房子里空自过着独身的生活。
平仄合规，其排列为‘仄仄平平平仄仄’。标准之对联格式。末字仄声。为上联。联句七言，皆为宝盖头。此为对句增加了不少的难度。

欲对好此类对联，必须得找同边旁的字词相对。

试对：

用‘竖心旁’对‘宝盖头’

（1）

上联：寂寞寒窗空守寡（作者不详）
下联：忧愁懒志忘怀恩（书海）

（2）
上联：寂寞寒窗空守寡（作者不详）
下联：悱恢懿德恻怀恩（书海）

（3）
用‘宝盖头’对‘宝盖头’

上联：寂寞寒窗空守寡（作者不详）
下联：安宁密室定宜家（书海）

其五十二：当代网络征联'山水画画山水，水水山山如画画'

山水画画山水，水水山山如画画

出处：见于互联网。

分析：山水画画的都是山水，那山山水水都如同画的图画一样。'画'字同音异义，一指画作，一指描绘作画。平仄排列无规则，属于殊异联。末字仄声，为上联。征下联。

试对：
（1）
用'江湖'对'山水'作无情对

上联：山水画画山水，水水山山如画画（作者未详）
下联：江湖规规江湖，江江湖湖有规规（书海）

（2）
用天文类的'日月'对地理类的'山水'

上联：山水画画山水，水水山山如画画（作者不详）
下联：日月歌歌日月，月月日日皆歌歌（书海）

附宽对：

上联：山水画画山水，水水山山如画画（作者不详）
下联：爱情书书爱情，情情爱爱应书书（书海）

其五十三：当代网络征联‘开口笑饮开口笑’与‘开口笑饮开口笑，笑口常开’

(A)：开口笑饮开口笑

出处：见于互联网。

分析：‘开口笑’是一款饮料。而‘开口笑饮’也含有‘开口笑’三字。这就给联语增加了意趣。而反过来读也是一个有趣味的联语：笑口开饮笑口开。

平仄不合律，是殊异趣联。末字仄声，为上联。征下联。

试对：

（1）
用‘救心丹’对‘开口笑’

上联：开口笑饮开口笑（作者不详）
下联：救心丹荐救心丹（书海）

（2）
用‘眼’对‘口’作无情对

上联：开口笑饮开口笑（作者不详）
下联：睁眼瞎骂睁眼瞎（书海）

(B)：开口笑饮开口笑，笑口常开（作者不详）

　　(B)联增加了四个字‘笑口长开’因‘开’字平声，使联句变成了下联，求上联。

试对：
（1）
仍用‘救心丹’对‘开口笑’

上联：救心丹荐救心丹，丹心不变（书海）
下联：开口笑饮开口笑，笑口常开（作者不详）

（2）

仍用‘眼’对‘口’作无情对
上联：睁眼瞎喷睁眼瞎，睁眼乱骂（书海）
下联：开口笑饮开口笑，笑口常开（作者不详）

其五十四：前代遗联 '六木森森，松柏梧桐杨柳'

六木森森，松柏梧桐杨柳

出处：见于互联网，出处众说纷纭，未能细考。

分析：这是一个很特殊的拆合字联。六个'木'组合成'森森'两个字。但后面跟着的并不是实际意义上的六种树木，而只有五种树木。因为'松柏'是'松树'和'柏树'两种；'杨柳'是'杨树'和'柳树'两种，而'梧桐'只是一种树。'六木'只是指六个字的六个'木'字旁罢了。

平仄排序为：仄仄平平，平仄平平平仄。合律，属标准对联。末字仄声，为上联，求下联。

'木'属于五行'木火土金水'。用五行相对较好。

试对：

（1）
用'火'克'木'，并借用繁体字相对。

上联：六木森森，松柏梧桐杨柳（作者未详）
下联：八火燚燚，烛灯熿炬㶶萤（书海）（或：八火燚燚，烛灯熿炬塋萤）

注：'㶶'读作'qiao'阴平声，烟熏火燎之意。
燚读作/yì/。形容词，形容火势猛烈。

（2）

用'禾'对'木'

上联：六木森森，松柏梧桐杨柳（作者未详）

下联：四禾秝秝，稻稞秋穄稔稠（书海）

注：'稻''稞''秋''穄'皆为谷物名。秝读作 lì，仄声，是会意字，从两个"禾"，表示禾苗稀疏合宜、一个一个很清晰的样子。

其五十五：古代遗联'望天空，空望天，天天有空望空天'

望天空，空望天，天天有空望空天。

出处：见于互联网。传说古代有一考生，科举多次落榜。他天天绝望地望着天空，天空空荡荡的，深邃无垠。更增加了他落魄沮丧的心情。他把当时的心境写成一幅对联，题于杭州六和塔的壁上，竟然至今无对。

分析：科考落第，天天无精打采，绝望地望着天空发呆。落榜对这位考生的打击可想而知。联语精确地表达了落榜考生的心情，能做出难度这么大的对联，却没能登榜，实在遗憾。联句运用'顶针'法，使联语联意层层递进，是一幅十分有意思的奇联佳联。平仄排列为：仄平平，平仄平，平平仄仄仄平平。声韵规则合律，为标准对联。末字平声，属于下联，待对上联。

'空'在此联中有这几层意思：一是指代天空；二是形容没有结果的，白白的。三是指空旷的空荡荡的。'天'有两指：一指天宇，二指时空。

'天'是天文类词汇，选择同是天文类的词汇相对较为贴切。

试对：
（1）

用'日'对'天'

上联：过日常，常过日，日日如常过常日（书海）
下联：望天空，空望天，天天有空望空天（传为古代遗联）
（即使落榜也不要一味沉溺不振，该过的平常日子还是要过）

（2）
用'月'对'天'

上联：赏月光，光赏月，月月皆光赏光月（书海）
下联：望天空，空望天，天天有空望天空（传为古代遗联）

（3）
用'月'对'天'

上联：求月老，老求月，月月渐老求老月（书海）
下联：望天空，空望天，天天有空望空天（传为古代遗联）

附宽对：
用'地'对'天'；'实'对'空'作无情对。

上联：勘地实，实勘地，地地着实勘实地（书海）
下联：望天空，空望天，天天有空望空天（传为古代遗联）

其五十六：当代网络征联 '俊俏佳人偕伴侣，作佰代倲俦俪偶'

俊俏佳人偕伴侣，作佰代倲俦俪偶。

出处：见于互联网。

分析：联语平白。此联有趣在于所有联语都含单人旁。平仄排列不合律，平仄序列为：仄仄平平平仄仄，仄仄仄平平平仄。属于殊异趣联，末字仄声，为上联。征下联。

欲对此类字首边旁联，也得找所有联语都是同样字首边旁的字才能贴切。

试对：
用'宝盖头'对'单人旁'

上联：俊俏佳人偕伴侣，作佰代倲俦俪偶（作者不详）
下联：安宁富客容家室，宴寰宇宠宦密官（书海）

其五十七：遗联 '三顾茅庐，前度刘郎今又来'

三顾茅庐，前度刘郎今又来。

出处：见于互联网。

分析：三顾茅庐，是指刘备三次赴隆中拜访诸葛亮的故事。'前度刘郎今又来'是出自唐朝刘禹锡的一句诗"前度刘郎今又来"。全诗乃是:. 百亩庭中半是苔，桃花净尽菜花开。种桃道士归何处，前度刘郎今又来。
这个联一运用了三国时期的一个典故，一利用了唐朝诗人刘禹锡的诗句，前后两句联掇得天衣无缝。不得不佩服创作者的神思与创作力。

平仄合律，为标准的对联。平仄排序为：平仄平平，平仄平平平仄平。末字平声，为下联。征上联。

欲对此类运用了典故的联句，必须用相应的典故去对它。

试对：
用'七擒孟获'对'三顾茅庐'

上联：七擒孟获，此番丞相昔非比（书海）
下联：三顾茅庐，前度刘郎今又来（作者不详）

注：'此番丞相昔非比'是诗人海韵一的诗句。

其五十八：当代网络征联'无土运土，无菜种菜，无中生有'

无土运土，无菜种菜，无中生有。

出处：见于网络。

分析：没有土壤就去运土，没有菜吃就去种菜，结果从无到有。'无中生有'被活用。该联平仄顺序为：平仄仄仄，平仄仄仄，平平平仄。声韵不规则，属于殊异联。末字仄声，为上联。征下联。

试对：

上联：无土运土，无菜种菜，无中生有（作者不详）
下联：有钱貌钱，有人役人，有了还无（书海）

其五十九：当代网络征联'荔枝红挂绿'

荔枝红挂绿。

出处：见于互联网；

分析：鲜红的荔枝挂在绿树上。荔枝是一种水果，产于福建广东一带。唐诗'一骑红尘妃子笑，无人知是荔枝来'咏的就是荔枝，吃了美容。荔枝无法久存，一日色变，二日味变。故皇帝的爱妃每到夏季动用国家资源，每日六百里快马接力将新鲜的荔枝送到长安。

这么好的荔枝，用什么来对它呢？想到了龙眼，龙眼也是水果中的姣姣者。

平仄排序为：仄平平仄仄。是规范对联，末字仄声，为上联，求下联。

试对：

用'龙眼'对'荔枝'

上联：荔枝红挂绿（作者不详）
下联：龙眼黄镶青（书海）

其六十：宋朝宰相王安石三绝对之一'一岁二春双八月，人间两度春秋'

一岁二春双八月，人间两度春秋。

出处：据传出自宋朝宰相王安石。

宋神宗时，苏东坡金榜题名，名响天下。时任宰相王安石为试苏东坡的才情学问出了三个联句叫苏东坡答对。结果，才华满腹的苏东坡竟然一个联都没能答上。
这是其中一联。意说一年中刚好遇到有两个春节，两个八月，一年当中有两个春天两个秋天。这是闰年的缘故。数字'二''双''两'同时被用上。

苏东坡都没能对得上的对联，当然成了绝对。几百年来，未见有对句。

分析：王安石是唐宋八大家之一。出的联完全符合平仄声韵规律。全句平仄为：仄仄仄平平仄仄，平平仄仄平平。末字平声，为下联。求上联。

含时空意味的对联，也得找跟时空有关的词汇相对较妥。

试对：

用'天上'对'人间'；'岁月'对'春秋'作无情对

上联：每庚四季复重阳，天上几多岁月（书海）
下联：一岁二春双八月，人间两度春秋（王安石）

其六十一：宋朝宰相王安石三绝对之二'七里山塘，行到半塘三里半'

七里山塘，行到半塘三里半。

出处：这是宋朝宰相王安石试苏东坡之才的第二个对联。苏州金阊门外到虎丘这段路总长七里，当地人称之为山塘。半路上有一个地方叫半塘，所以走到半塘就等于走了三里半。
苏东坡还是答不上来，他答不上来，王安石自己也没有对句，这个联又成了绝对。至今无解。

分析：王安石出的联，平仄都完全合乎规范，无懈可击，不愧是文学大家。
平仄排序为：仄仄平平，平仄仄平平仄仄。末字仄声。为上联，求下联。

欲对此联，须找地名相对，否则只能作无情对了。

试对：
用'水道'对'山塘'；'中道'对'半塘'（水道，中道，地方名）

上联：七里山塘，行到半塘三里半（王安石）
下联：九弯水道，将临中道五弯中（书海）

其六十二：宋朝宰相三绝对之三'铁瓮城西，金玉银山三宝地'

铁瓮城西，金玉银山三宝地。

出处：这是宰相王安石为试苏东坡才能的第三个联句。苏东坡还是没能对得出来。真是情何以堪（只是传说，真实历史是不是这样，待考证）。

分析：铁瓮城是地名。此处矿产丰富，有金矿银矿玉矿，真的是有三种宝的地方啊！平仄十分规范，是标准的对联形式。平仄排序为：仄仄平平，平仄平平平仄仄。末字仄声，为上联。是求下联。

含地名的对联，只能找地名与其相对。

试对：
（1）
用'墨庄村'对'铁瓮城'（墨庄村，地名）

上联：铁瓮城西，金玉银山三宝地（王安石）
下联：墨庄村里，诗书画苑百才园（书海）

（2）
用'桂林'对'铁瓮'

上联：铁瓮城西，金玉银山三宝地（王安石）
下联：桂林市里，梅兰菊圃群芳园（书海）

（3）
用'鹰潭'对'铁瓮'

上联：铁瓮城西，金玉银山三宝地（王安石）
下联：鹰潭市北，鸿鹄鹜水百祥洲（书海）

其六十三：当代网络征联 '水少沙即现'

水少沙即现。

出处：见于互联网。

分析：河里的水少了，沙就露出来了。联意平白。平仄排列为：仄仄平仄仄。不合对联规则，属于殊异联。末字仄声，为上联，求下联。
这是一个拆合字联。'水'与'少'组合成'沙'
水属于五行，在五行中选项以对。

试对：
以'木'对'水'

上联：水少沙即现（作者不详）
下联：木多桫若藏（书海）

注：桫，棠棣也。读作 yi 阳平声。

（2）
用'金'对'水'

上联：水少沙即现（作者不详）
下联：金多鉹始成（书海）

注：鉹，读作 chi 上声，甑之意，亦作'小刀'解。
甑/zèng/
名词
（a）古代的瓦制炊具，底部有许多透气的小孔，放在鬲（lì）上蒸食物。

(b)一种木制的桶形炊具，有屉无底，用来蒸制米饭等。
「饭 甑」

其六十四：当代报刊征联'福桔满山红，建兰四季青，珍果名花福建富'

福桔满山红，建兰四季青，珍果名花福建富。

出处：福建省有关部门出题征联。

分析：福桔，产于福建的桔子；建兰，花名；满山红，四季青均植物名。这是一个冠名对联，把'福'与'建'各冠于一二句的头一字。平仄排列为：仄仄仄平平，仄平仄仄平，平仄平平仄仄仄。基本合律。末字仄声，为上联，征下联。

试对：

用'辽宁'对'福建'

上联：福桔满山红，建兰四季青，珍果名花福建富（福建省征联）
下联：辽梅九里香，宁鹿千年健，仙葩神药辽宁嫽（书海）

注：辽梅，辽宁的孤山香梅；宁鹿，辽宁出产的鹿茸。九里香，千年健均中药名。
嫽，读作 liao 阳平声。意为'非常的好'。

其六十五：当代网络征联 '金锅银锅铜锅铁锅甩黑锅'

偶然读到诗友 'ghertfort' 博客里的一下联，据言为 '版主老王' 自创。
联曰：金锅银锅铜锅铁锅甩黑锅

分析：字面上虽然没有文学上的雅致气韵，但颇有深意。联想到去年冠毒瘟疫盛行，针对病毒之源，大国间互相甩锅，至今尚无定论。但俗话说 '人在做，天在看'。无论肇始何处，始作俑者谁，总有一天会云开雾散，水落石出。

此联平仄排列无序，只能权为殊异趣联，末字平声，为下联。

试对：

上联：神眼佛眼人眼狗眼翻白眼（书海）
下联：金锅银锅铜锅铁锅甩黑锅（版主老王）

以此对，博一笑。

作者书法作品：佛

其六十六：古代名胜古迹遗联'半山亭，停半山，切莫半途而废'

据言，ghertfort 先生旅游时，在一名刹发现一联，并说此联几百年来无人对上。联如下：
上联：半山亭，停半山，切莫半途而废。

此联字面上，意思很明白，大意言有座亭子就在半山腰上，大家努力点就可到达，不要望高兴叹，半途而废。很疑惑这么一个简单的上联会没有人对上？而且是几百年？！一番推敲斟酌，整理出几个下联，不惭见笑。

（1）上联：半山亭，停半山，切莫半途而废（某寺庙）
（1）下联：一水阁，搁一水，欣然一景无穷（书海）注：一水阁在鱼台县，

（2）上联：半山亭，停半山，切莫半途而废（某寺庙）
（2）下联：一径石，磊一径，毅然一往无前（书海）

（3）上联：半山亭，停半山，切莫半途而废（某寺庙）
（3）下联：一鼓气，忾一鼓，必须一往无前（书海）

（4）上联：半山亭，停半山，切莫半途而废（某寺庙）
（4）下联：一把手，拿一把，竟然一发不收（书海）（宽对）

（5）上联：半山亭，停半山，切莫半途而废（某寺庙）
（5）下联：有钱人，仗有钱，熟知有始无终（书海）（宽对）

（6）上联：半山亭，停半山，切莫半途而废（某寺庙）
（6）下联：三岔路，露三岔，务须三思后行（书海）

（7）上联：半山亭，停半山，切莫半途而废（某寺庙）
（7）下联：百年寿，筹百年，淡然百味杂陈（书海）（宽对）
……

上述上联只要注意两个特点就容易对出来。一是三个'半'字。一是第三字与第四字为合拆字。

作者书法作品：平常心

其六十七：当代网络征联'司马迁司马懿司马相如，姓相如，性不相如'

此联由来：
偶尔浏览网页，见有网名 Emhyr Enreis 的诗贤，言其妙手偶得，有了这个下联，但无上联。

联意：
三个同样姓司马的人，虽然姓相同，但秉性各异。

先了解联句里出现的三个人物：
司马迁，字子长，西汉时期史学家文学家。《史记》著者。
司马懿，三国时期政治家军事家，西晋奠基人。
司马相如，汉赋四大家之一。

这个人名联有一个注意点：'姓相如'的'姓'与'性不相如'的'性'谐音。

对联一：找人名相对。

下联：司马迁司马懿司马相如，姓相如，性不相如（EmhyrEnreis）
上联：欧阳建欧阳修欧阳无复，人无复，仁亦无复（书海）

欧阳建，西晋太守，著有《言尽意论》
欧阳修，唐宋八大家之一。
欧阳无复，清末民初孝子，甘断仕途回梓赡养老母。

对联二：找人名相对。

下联：司马迁司马懿司马相如，姓相如，性不相如（EmhyrEnreis）
上联：长孙晟长孙操长孙无忌，权无忌，拳更无忌（书海）

长孙晟，隋朝权臣，外交家。
长孙操，李世民身边重臣，曾协助李世民兵变玄武门夺得政权。
长孙无忌，唐太宗、唐高宗两朝宰相。

赘言：对于镶人名的对联，经常有'踏破铁鞋无觅处，得来全不费工夫'的感慨。更有'史识用时方恨少'的遗憾，多掌握些历史知识，遇到对历史人名联的时候就会有左右逢源俯拾皆是得心应手的快慰。

其六十八：当代网络征联‘海阔天空看空天阔海’

文学城诗贤‘看海阔天空’从自己的网名得到启发，创作了一个上联：
海阔天空看空天阔海

联意高远，从字面上看就给人心旷神怡的感觉。
这也是一个回文联，正读反读音律一样。妙！

这个对联的对法要把‘海口天空’这个词组当成一个名词来对，语法才能通顺。

试对：

上联：海阔天空看空天阔海（看海阔天空）
下联：山青水秀媲秀水青山（书海）

附言：能从生活当中的方方面面着手，创作对联，这是非常好的创作方式。希望勤思常耕，收获更多的对联作品。

其六十九： 明朝遗联‘人过大佛寺佛大过人’

诗贤静悟提供了一联：人过大佛寺佛大过人。据其言：‘此联出于明朝’。在此不细究出处，先对了再说。

此联巧妙之处在于回文，这跟‘上海自来水来自海上’类似。但比‘上海自来水来自海上’容易多了。

试对之：

人过大佛寺佛大过人（明朝遗联）
道于灵神庙神灵于道（书海）

注：灵神庙位于河南开封。

以下宽对，欲多抛几块砖以引玉：

（1）人过大佛寺佛大过人（明朝遗联）
　　虎于雄狮山狮雄于虎（书海）

（2）人过大佛寺佛大过人（明朝遗联）
　　马于疾风岭风疾于马（书海）

其七十：近（现）代征联'日本出自东方照耀中国'与'日本东出，光照九州四国'

约三、四年前，偶遇一上联：'日本出自东方照耀中国'说此上联系百年前日人所撰，至今无有对句。今人胥先生对出了下联：'人类始于华夏再生大和'。

关于此联出处，我抱有疑问。此联并不难，何谓百年来'无有对句'？余于日本十多年，并有幸被日本福岛汉诗协会聘为名誉顾问，教授汉诗，致力中日文化交流，并跟该会会长三瓶宏先生及日本诗界进藤虚籁、服部承风、高木散木等诸贤常有诗词往来共处推敲之事，从未闻有此事。虽未遍览日本诗籍，但'百年无对'的诗联悬案岂能在我十余年与日本诗坛广泛交流中无声无息？此联出言不逊狂妄自大，觉得并非日本诗贤或中国诗贤所为，更有可能是近年某些无聊文客的戏作。

但不管此联出自何人之手，有何用意，既遇上，何不对？ 一时兴起，对了两个下联，分别是：

（1）

上联：日本出于东方照耀中国（百年前某人？）

下联：汉嗣源于禹域传播大和（书海）

（2）

上联：日本出于东方照耀中国（百年前某人？）

下联：文明始于华夏传播东瀛（书海）

今得闲，对此联再做推敲。此联重点在于词性与词意，平仄不是很规律，大不必囿于平仄而束缚思路。参考了一些诗贤的对句，再组一下联，不知比先前对的两下联较为工整否？望方家词丈不吝高见。

（3）

上联：日本出自东方照耀中国（百年前某人？）

下联：天朝向着中华笼盖东瀛（书海）

有趣的是，近日网上又曝出一个跟'日本出于东方照耀中国'类同的上联：'日本东出，光照九州四国'。联意雷同，并无新意。东升之日照耀了日本国内的九州和四国。也有人云，九州语义双关，古时中国亦称九州。非也，四国只是日本国内的一个地方名，一个联句中，不可能在当句对联中，东拉西扯，一个是他国名，一个是本国小地方名。

今趁闲亦将它对上：

上联，日本东出，光照九州四国（？）
下联：汉祚中坚，德播西域东洋（书海）

上联：日本东出，光照九州四国（？）
又对：汉朝外展，谊连西域东洋（书海）

其七十一：近（现）代遗联'日本有罪，因此后羿射，夸父追，蜀犬吠'

日本有罪，因此后羿射，夸父追，蜀犬吠。

出处：此联来自互联网，出联者不详。

分析：此联联意是言太阳本来就有罪恶，因此被后羿射落，又被夸父追赶，复被蜀国之犬狂吠。联中连用三个传说故事，后羿射日，夸父追日，蜀犬吠日。

传说古代天上有九个太阳，这九个太阳都是天神之子。当九个太阳一同出来玩耍的时候，地上酷热难当，树木被烤焦，河水被蒸干，耕牛被渴死，人们无法劳作生活。后羿为了拯救人间，硬是把那些残害人间的八个太阳射落，只留下一个太阳照耀人间……

此联平仄无规律，不是合格对联。应归属于殊异趣联。末字仄声，为上联。

按照对联规则，上下联须相对，那么传说应该对传说。选择了三个传说故事来对，一是'盘古开天地'，二是'女娲补天'，三是'天马行空'。

试对：

上联：日本有罪，因此后羿射，夸父追，蜀犬吠（来自互联网）
下联：宇始无形，只缘盘古开，女娲补，天马行（书海）

注：'日本有罪'作'日，本有罪'断读和解释。

其七十二：古诗联'曲径通幽处'等六联

诗贤逍遥云飞提供了六个上联，言其为对联作业，欣对，不揣抛砖之举，以博高明一笑。

（1）
上联：曲径通幽处（前人）
下联：清辉伴寂时（书海）

（2）
上联：竹雨松风琴韵（前人）
下联：峰云壑日天音（书海）

（3）
上联：遂心惟有看山好（前人）
下联：践梦还须逝水多（书海）

（4）
上联：万木长承新雨露（前人）
下联：一心难忘旧亲朋（书海）

上联：万木长承新雨露（前人）
下联：千山曾历旧风霜（书海）

（5）
上联：小草在山为远志（前人）
下联：老龙守水隐宏图（书海）

上联：小草在山为远志（前人）
下联：鲜花随水应初心（书海）

上联中的'远志'若是指草药的'远志'。
上联：小草在山为远志（前人）
下联：老根离土本无心（书海）

无心，药草名，亦名木贼等。

（6）
上联：蓉镜重开，漫向湖山寻旧迹（前人）
下联：柴扉不闭，尤期日月莅新知（书海）

其七十三：当代网络征联'进士尽是近视眼'与'近世进士尽是近视'

出处：'进士尽是近视眼'这个上联出自何时，出自哪位诗贤之手，尚待查考。

分析：'进士'是中国近古代科举制度中的一个既定的最高级别的考试合格者的称呼。犹如当代高考成绩达到录取线者。考取者以成绩分为进士及第和进士出身。至明清时代，考取进士后，还得经过皇帝亲自面试，称为殿试。殿试成绩前三名者曰状元、榜眼、探花。状元、榜眼、探花均为进士及第，三名之后的殿试合格者称为进士出身。

'进士''尽是''近视'三词组谐音。声律为仄仄仄仄仄仄仄，显然不合对联声律，不是一个合格的对联。但因谐音有趣，联意诙谐，故对者颇众。只憾难度较大，至今未有公认的好对联。今趁闲试对几联，冀引佳对。

（1）用古代官职名对：

上联：进士尽是近视眼（创作者未获知）
下联：刺史兹似慈师心（书海）

（2）用佛名对：

上联：进士尽是近视眼（创作者未获知）
下联：弥勒迷了谜乐心（书海）（善哉善哉！阿弥陀佛！）

（3）用古代货币名对：

上联：进士尽是近视眼（创作者未获知）
下联：界会皆非结汇钱（书海）（注：界会是古代纸币名称）

（4）用宋朝名人对：

上联：进士尽是近视眼（创作者未获知）
下联：子由只有自游心（书海）（子由也是进士出身）

（5）用教师对：

上联：进士尽是近视眼（创作者未获知）
下联：严师掩饰艳思心（书海）

（6）用当代行政职能部门名对：

上联：进士尽是近视眼（创作者未获知）
下联：计生忌升既剩婴（书海）

（7）用熟人名对：

上联：进士尽是近视眼（创作者未获知）
下联：吴菲无非误会心（书海）

（8）用古代科举考试的名次对：

上联：进士尽是近视眼（创作者未获知）
下联：状元撞缘庄园头（书海）

（9）用佛教三宝名对：

上联：进士尽是近视眼（创作者未获知）
下联：和尚喝上何伤心（书海）

（10）用古代官职名对：

上联：进士尽是近视眼（创作者未获知）
下联：翰林憾淋寒凛心（书海）

……

'近世进士尽是近视'

不知哪位高明，在'进士尽是近视眼'之前加上'近世'二字（亦有作'今世'），后面略去'眼'字，使这个趣联更加有趣也更加难对了。

（1）以教师对之：

上联：近世进士尽是近视（创作者未获知）
下联：延时严师掩饰艳诗（书海）

（2）以四大美女对之：

上联：近世进士尽是近视（创作者未获知）
下联：昔时西施系似稀思（书海）

（3）以古代官职对：

上联：近世进士尽是近视（创作者未获知）
下联：此时刺史兹似慈师（书海）

（4）以诗词界地位对：
上联：近世进士尽是近视（创作者未获知）
下联：此中词宗兹重诗钟（书海）

其七十四：遗联‘山丘不是岳’

山丘不是岳。

出处：见于互联网，时代及作者不详。

分析：一个小小的山丘，当然不是摩天之岳。这是一个拆合字联。‘山’与‘丘’组合成‘岳’。声调平仄为：平平仄仄仄。符合对联的声调规定。末字仄声，为上联。征下联。

试对：

以‘水’对‘山’；‘津’对‘岳’

上联：山丘不是岳（时代、作者不详）
下联：水聿亦非津（书海）

又：

以‘州’对‘山’；‘水’对‘丘’；‘洲’对‘岳’

上联：山丘不是岳（时代、作者不详）
下联：州水亦非洲（书海）

其七十五：当代网络征联‘师帅张学良’

‘师帅张学良’

出处：创作者未获知。

分析：张学良是东北王张作霖的公子，人称少帅。因西安事变闻名遐迩。

此联亦属拆字联。‘师’字中含有‘帅’字。小小有趣。联意平淡。此联为下联，声律为‘平仄仄仄平’，不规则。

当‘帅’字做名词用时，意为元帅、统帅。‘张学良’用民国政治要人‘宋教仁’对之再恰当不过了。遗憾‘良’与‘仁’皆为平声，只得忍痛舍弃。

（1）用民国占山大王名对之：

上联：主王关孝正（书海）
下联：师帅张学良（创作者未获知）

（2）用艺术荣誉地位对之：
上联：琴王李乐圣（书海）（李乐圣为李龟年别名）
下联：师帅张学良（创作者未获知）

（3）用民国外交名人对之：
上联：话舌王宠惠（书海）
下联：师帅张学良（创作者未获知）

（4）用著名科学家数学泰斗对之：
上联：科斗关肇直（书海）
下联：师帅张学良（创作者未知）

（5）用当代歌唱家对之：
上联：歌哥关正杰（书海）
下联：师帅张学良（创作者未获知）
……。

此联虽有点小趣，但略显单薄，平仄也欠协调。权当文字小游戏。

其七十六：当代报刊征联'火车失火，救火车救火车'

征联：火车失火，救火车救火车。

出处：'火车失火，救火车救火车'出自谁之手，暂时未获知。《咬文嚼句》杂志在 2004 年第一期刊物上曾以此联发起征联。经大赛评委评定如下名次：

一等奖一名：
应征联：雪人傲雪，赏雪人赏雪人（刘显）
征之联：火车失火，救火车救火车（《咬文嚼句》之征联）

二等奖二名：
应征联：《书屋》说书，藏书屋藏书屋（梁筱晶）
征之联：火车失火，救火车救火车（《咬文嚼句》之征联）

应征联：航船迷航，导航船导航船（郎棣）
征之联：火车失火，救火车救火车（《咬文嚼句》之征联）

三等奖二名：
应征联：春花游春，迎春花迎春花（王中原）
征之联：火车失火，救火车救火车（《咬文嚼句》之征联）

应征联：电器漏电，验电器验电器（穆亮）
征之联：火车失火，救火车救火车（《咬文嚼句》之征联）

入选者三名：
应征联：路人迷路，引路人引路人（宋桂奇）
征之联：火车失火，救火车救火车（《咬文嚼句》之征联）

应征联：学者求学，讲学者讲学者（李芳平）
征之联：火车失火，救火车救火车（《咬文嚼句》之征联）

应征联：潜艇下潜，猎潜艇猎潜艇（姚伟民）
征之联：火车失火，救火车救火车（《咬文嚼句》之征联）

从上述的获奖和入选的对联看，联尾字是平声的都是不符合对联的规定，对联的一个最基本规定就是联尾字你平我仄，尾字仄为上联，尾字平为下联，上下联就是由尾字判断。联尾字你出平我对平，你出仄我对仄都是犯了声律的上下联同声韵病。通常每个联字之间都是平仄交错的，如平仄平仄平仄。。。仄平仄平仄平。。。。有的联因为有奇趣或断读点不规则，使联中字排列平仄失调（也叫放宽对）。但无论如何失调，上下联尾两字的平仄规定一定得遵守，否则就不叫对联了，成了'同联'或'同边联'。上下联同位置的字如果相同或字意相同都是犯'合掌'的诗病。'合掌'和'同声'之病应该避免。

所有的获奖和入选的应征联中，只有'藏书屋''验电器''讲学者''猎潜艇'可对，其余全出格。不知为何能选上？莫非所组的评委们都漠视对联的规则？没有规矩，何成方圆？

据说原作者自己已有了上联，为何发起征联？不难看出，原作者是用'产妇'来对'火车'，也许自觉宽了些。
上联：产妇难产，助产妇助产妇（原作者）

下联：火车失火，救火车救火车（原作者）

好了，看出了舛讹，就来试试能不能对出更恰当的对联。

分析：此征联非常的有趣。火车失火了，要扑灭火灾，抢救火车。而'救'火车的恰巧是专门用来扑灭火灾的'救火车'联中'救火车'意义两重。一重是去'救'那个着火的火车，一重是指救火专用的救火车。

试对：
（1）用'抽水泵'对'救火车'
上联：水泵堵水，抽水泵抽水泵（书海）
下联：火车失火，救火车救火车（《咬文嚼句》之征联）

小插叙：之所以一下子就想到用'抽水泵'对'救火车'。有个小故事，我经营的农场有一处水培空心菜的基地，用来帮助活水的抽水泵一段时间就会堵塞停水，新手的员工总是来报告水泵堵了，我就说抽，抽那个水泵，把堵塞的淤泥草丝等抽吸出来。疏通被淤泥堵塞的水泵最好用的办法就是用强力吸尘器把把杂物抽吸出来，比用铁丝等去挖快捷得多。因此，一看到这个征联，很快就想到了用抽水泵来对。
顺着这个思路，想到了水管。

（2）用'抽水管'对'救火车'
上联：水管堵水，抽水管抽水管（书海）
下联：火车失火，救火车救火车（《咬文嚼字》之征联）

（3）用手工匠的名称来对：
上联：金匠偷金，打金匠打金匠（书海）
下联：火车失火，救火车救火车（《咬文嚼字》之征联）

'打金匠'是我们福州地区那一带人对制造金器匠人的称呼。有的地方称制造金器的匠人为'打金佬'。
（4）
上联：金佬偷金，打金佬打金佬（书海）
下联：火车失火，救火车救火车（《咬文嚼字》之征联）

（4）用电工用具来对：
上联：电表爆表，测电表测电表（书海）
下联：火车失火，救火车救火车（《咬文嚼字》之征联）

妙对'救火车'的器物还有很多，有兴趣的方家不妨赐对。

辛丑牛年正月初二，书海于美国。

其七十七：古代遗联‘品泉茶，三口白水’

‘品泉茶，三口白水’的出处传说纷纭，未做查证。

此联属于拆字联。

据传这是某地天竺寺的一幅对联：

上联：品泉茶，三口白水
下联：竺仙庵，二个山人

分析：
‘品’为动词，与‘泉茶’组成的词组跟‘竺仙庵’（专有名词）根本不对。‘品’字拆解为‘口’‘口’‘口’与‘竺’拆解的‘个’‘个’‘二’也不对称。平仄声律也不规范。

现试对二联：

（1）
上联：品泉茶，三口白水（未确认）
下联：忖铢贝，寸心朱金（书海）

（2）
上联：品泉茶，三口白水（未确认）
下联：重炭粉，千里灰山（书海）

其七十八：遗联‘古文故人做’

‘古文故人做’

出处：出自互联网，出联者不详。

分析：此联为拆合字联。‘古’与‘文’合成‘故’，‘故’与‘人’合成‘做’。是个上联。声律为仄平仄平仄，不规范。联意浅平。‘古文’‘故人’都是偏正名词组。‘做’为动词。

试对：

（1）
上联：古文故人做（出联者未获知）
下联：次贝资水濱（书海）

（2）
上联：古文故人做（出联者未获知）
下联：今山岑水涔（书海）

（3）
上联：古文故人做（出联者未获知）
下联：今口含金鉿（书海）

（4）
上联：古文故人做（出联者未获知）
下联：老日耆木楮（书海）

（5）
上联：古文故人做（出联者未获知）
下联：王犬狂言诳（书海）

以下宽对备用：（1）此人伦木傸。（2）秋心愁水潀。（3）矛木柔火煣。（4）门月閒心憫。

（5）女贝婴手㪖。（6）禾火秋心揪。（7）大可奇山崎。

作者书法作品：息怒

其七十九：宋代遗联'冻雨洒窗，东两点西三点'

'冻雨洒窗，东两点西三点'

出处：此联出处有不少故事，有的说是宋朝苏东坡的学生出的上联，自己对不出下联，请老师苏东坡对出的；有的说是明朝神童将焘答对考他的客人出的对联。不管有多少版本的故事，既然出现了，就得想法把它对好。不让其遗留。

分析：
此联系拆字联，'冻'字拆解为'两点水'与'东'；'洒'字拆解为'三点水'与'西'。是按当代简化字结构拆解的。按传说此联已有下联：

上联：冻雨洒窗，东两点西三点
下联：切瓜分客，横七刀竖八刀

多数学者认为，按汉字边旁结构，'分'的上半部是'八'没错。但'切'的边旁并不是'七'。故，此下联不被认可。

试对：
此联与传说的清朝名联类似：
上联：冰冷酒，一点两点三点
下联：丁香花，百头千头万头

受此启发，仿对如下：

（1）
上联：冻雨洒窗，东两点西三点（古联，作者未详）
下联：天风示世，大一场小二场（书海）

（2）
上联：冻雨洒窗，东两点西三点（古联，作者未详）
下联：偈身徘径，是一人非二人（书海）

（3）
上联：冻雨洒窗，东两点西三点（古联，作者不详）
下联：左风佑乱，左无人右有人（书海）

有凑趣者在原联的后面加上一句'东西都有'。上联变成：
'冻雨洒窗，东两点西三点，东西都有'

上述所对的下联选一联出来对上：

上联：冻雨洒窗，东两点西三点，东西都有（古联，作者不详）
下联：天风示世，大一场小一场，大小皆来（书海）

余下省略。

其八十：遗联‘白水成泉山山出’

‘白水成泉山山出’

出处：在某网页看到，作者未知。

分析：此亦拆合字联。声律为仄仄平平平平仄，不规范。是为上联。似此拆合字联，只要找到相对应的能够拆合的字，就可轻易对上。而汉字是象形文字，很多字都可拆合。

试以‘土’对其‘水’

（1）

上联：白水成泉山山出（作者未获知）
下联：黑土为墨手手抔（书海）

注：抔 póu 古同“捊”。意为：用手捧。

（2）

试以‘山’对其‘水’

上联：白水成泉山山出（作者未获知）
下联：灰山为炭火火炎（书海）

来来来，能对的字还有不少，对联兴趣者一一把它们都呼出来吧！

其八十一：清朝遗联‘鼠无大小皆称老’

‘鼠无大小皆称老’

出处：
此联出自何时何人亦存疑。网络上有人撰文说是清朝乾隆皇帝的圣手妙得；有人说是清朝名臣曾国藩的大作；还有人说是某知府为了试探跟随乾隆微服私访的纪晓岚而出的难题。众说纷纭，莫衷一是。网络的文化乱象不堪忍睹。为了博人眼球，增加点击量，冒出一堆堆胡编乱造混淆概念的垃圾文字快餐文化……

扯远，煞住。言归正题。

分析：此联是一个很有趣的话题：鼠，在日常生活中，不论大小都叫老鼠。好像是人们敬畏鼠类而给的敬称。就像单位里对年龄大的资格老的都称为‘老赵’‘老李’一样。鼠，在平时，一律被称作‘老鼠’。一如既往，历代未改。

此联声律很合乎规范，其声律用‘平平仄仄平平仄’的上联格式。联首字因可平可仄，在此联中用了仄声字，整个上联的声律为‘仄平仄仄平平仄’。末字仄声，是为上联。

此联以日常生活中的常有物种为题，答对时也应该寻找其相类的物种为最对。

流传的故事里，此联已经被才华横溢天下闻名的才子纪晓岚对出了下联。纪晓岚用‘鹦哥’对‘老鼠’。

上联：鼠无大小皆称老（传为乾隆所做）
下联：鹦有雌雄都叫哥（传为纪晓岚）

从字面上看‘鼠无大小’‘鹦有雌雄’对的很工整。但上联‘鼠称老’返过来是‘老鼠’。
下联‘鹦叫哥’返过来却变成‘哥鹦’。平日里有叫‘哥鹦’的吗？这显然不妥。

那么，就尝试对出更加工整的下联来。

试对：

（1）以‘青蛙’对‘老鼠’。

我们在日常生活中，特别是生活在山区农村的人，都会经常看到青蛙。有绿色的，有灰色的等等，但人们习惯只称为‘青’蛙。

上联：鼠无大小皆称老（传为乾隆作）
下联：蛙有绿灰仍谓青（书海）
（2）
用‘雄鹰’对‘老鼠’

上联：鼠无大小皆称老（传为乾隆作）
下联：鹰在高低总是雄（书海）

（3）
放宽对，用'明月'对'老鼠'

上联：鼠无大小皆称老（传为乾隆作）
下联：月有阴晴总谓明（书海）

先试此三对。生活中还有很多可以工对'老鼠'的对象。期待高明们有兴趣时不吝赐玉。

（备用：'宵有短长总谓良''狮有弱强总赞雄''天历沧桑还是蓝''山历春秋还是青''龟有绿棕均谓乌''缘有浅深总盼佳''楼有旧新总羡高''情有浅深总谓亲'）

其八十二：古遗联‘妙人儿倪家少女’

‘妙人儿倪家少女’

出处：此联出处版本不一，一说乾隆皇帝下江南，在一繁华处品泉茶听清歌。见一歌女仙姿绰约，超凡脱俗。不但歌唱得好，而且顾盼含情，十分惹人怜爱，便打听姓名，知是倪家女，忽来灵感，做了一个上联：妙人儿倪家少女。一时无下联。跟随的才子纪晓岚对了一联：大言者诸葛一人。获众人称妙。

上联：妙人儿倪家少女（传为乾隆作）
下联：大言者诸葛一人（传为纪晓岚答）

又一个版本说有一个精通诗书琴棋画的妙龄女子，为选如意郎君，出联招亲。出的联就是：‘妙人儿倪家少女’结果很长时间没人应对得上。有一个风流倜傥的秀才进京赶考，路过此地。问妙人儿出联招亲，应了一联，抱得美人归。所应联就是‘大言者诸葛一人’。

倪家少女既然精通诗书琴画，能够出此巧妙之联，为何不能看出所对并非工对？即使‘大言者’勉强对‘妙人儿’。但‘倪’是单姓，‘诸葛’是复姓，如何能对？词组‘少女’如何能对‘一人’？检验下看：例：‘她是一个少女’通。‘她是一个一人’通吗？

所以，所对之联非常的不工，为何会被精通诗书琴画的倪家妙人儿认可并嫁给他？猜测是倪家妙人儿等急了，怕嫁不出去，不管对的正确贴切与否，降尊纡贵，草草迁就了。哈哈哈！

言归正传。

‘妙人儿倪家少女’是个很巧妙的拆合字联。‘妙’拆成‘女’与‘少’；‘倪’拆成‘人’与‘兒’拆合后的字组成的联句，意思也和通顺。

试对：

（1）
上联：妙人儿倪家少女（传为乾隆）
下联：倩衣者褚氏青人（书海）

注：青人，青春俊俏之人。

（2）
上联：妙人儿倪家少女（传为乾隆）
下联：倌衣者褚氏官人（书海）

（3）
上联：妙人儿倪家少女（传为乾隆）
下联：嚚言甚諶氏畾臣（书海）注：嚚（yin）：愚顽而奸猾。畾（lei）：同‘雷’。
（4）
上联：妙人儿倪家少女（传为乾隆）
下联：乘衣者褚氏乘人（书海）

宽对句：1，张天口吴将长弓。2，侁厶牛牟氏先人。
3，愁土木杜氏秋心。4，佳户方房氏圭人。5，低竹间简氏氏人。6，佶木子李氏吉人。
7，急言甚谌氏刍心。8，怒食余馀氏奴心……。

宽对句：1，张天口吴将长弓。2，侁厶牛牟氏先人。
3，愁土木杜氏秋心。4，佳户方房氏圭人。5，低竹间简氏氏人。6，佶木子李氏吉人。
7，急言甚谌氏刍心。8，怒食余馀氏奴心……。

其八十三：当代农业银行征联'农行行，行行行'

'农行行，行行行'

出处：此联出自上世纪九十年代农行征联。

分析：在此联中，'行'字两种读音：'hang'与'xing';两种意思：'行业'与'可行'。

联意：如果农行可行的话，那么各个银行都可行。当然也可以延伸到各行各业。但在此联中主要指银行业吧！

据说此联至今尚无满意的对联。

试对：

（1）
用'公信力'对'银行业'：

上联：公信信，信信信（书海）
下联：农行行，行行行（农行征联）

（2）
用'私款'对'农行'：

上联：私款款，款款款（书海）
下联：农行行，行行行（农行征联）

（3）
用'官进民退'来当无情对：

上联：官进进，进进进（书海）
下联：农行行，行行行（农行征联）

（4）
用'全国人民大会'来对：

上联：国会会，会会会（书海）
下联：农行行，行行行（农行征联）

作者书法作品：淡泊

其八十四：当代网络征联‘大帅戒烟，张学良也’

‘大帅戒烟，张学良也’

出处：出联者不详。疑似近年刚出现。

分析：历史上张学良烟酒色均沾，虽世袭军队统帅，花花公子也。此联言他戒烟，讽刺他的大名‘学良’，反其名之本意也！哈哈！联意十分诙谐幽默，对的下联也应合其联意，含反义讽刺为上。

试对：
（1）
用‘悟空’对‘学良’，单字词性，词组词性都很贴切。

上联：大帅戒烟，张学良也（出句者不详）
下联：顽猴偷酒，孙悟空乎（书海）

（2）
用革命先驱‘宋教仁’对‘张学良’

上联：大帅戒烟，张学良也（出句者不详）
下联：先驱反帝，宋教仁矣（书海）

（3）
用酿酒人名‘向富’对‘学良’：

上联：大帅戒烟，张学良也（出句者不详）
下联：平民酿酒，关向富乎（书海）

其八十五：古成语联'上有天堂，下有苏杭'

'上有天堂，下有苏杭'

这是人们用来形容苏州、杭州美景的词语。天堂到底有多美，人们没有见过。但见到苏州杭州的人都认为，苏州和杭州就是可以跟天堂相媲美的地方。

那么，当这句话被拿出来当做一个对联的下联，上联该怎么对才比较贴切呢？一时间，竟然难倒了不少对联爱好者。在看到本文的应对前，诸位高明不妨掩卷思索，在我们国内，人工建成的美景有哪些地方可以跟苏州杭州匹敌媲美呢？

……

把中国的各个地方在脑海里过滤一遍后，有了答案了。

试对：

上联：古之帝苑，今之港澳
下联：上有天堂，下有苏杭

国外的，尚未在考虑之内。现在的国内，各地都建设得很美很美，能媲美苏杭的魅力城市已经很多了吧！

其八十六：当代网络征联'方便面方便，方方面面'

'方便面方便，方方面面'

出处：
毫无疑问，此联出自近年方便面出现在人们生活中的时候。之所以称为方便面，就因为它快捷便利。它的生产供世，给生活的各个阶层各个方面都带来了方便。

分析：
'方便面'是个专有名词。'方便'意为便利的、省事的，在此联中当动词用，意为：'使其方便'。'方方面面'原指各个方面都能顾及。在此联中指'方便面'供应到各个层面，给各方面的人们提供了便利。此时的'方方面面'带有范围、数量的含义。若用单纯的形容词性的词组去对它都不精确。比如有人用诸如'冷冷清清''麻麻辣辣''服服帖帖''喜喜乐乐''干干净净'等去对'方方面面'都是不恰当的。

试对：
（1）食物对食物。用满溢便当对方便面。
上联：方便面方便方方面面（出联者未获知）
下联：满溢当满溢满满当当（书海）

（2）物品对食品。用'满足登'太极鞋对方便面。
上联：方便面方便方方面面（出联者未获知）
下联：满足登满足满满登登（书海）

（3）植物（食物）对食品。用芝麻对方便面。
上联：方便面方便方方面面（出联者未获知）
下联：密集麻密集密密麻麻（书海）

（4）药物对食品。用中草药点雀斑的药水对方便面。
上联：方便面方便方方面面（出联者未获知）
下联：点化滴点化点点滴滴（书海）

宽对：（1）生产工艺产物：叠压层叠压叠叠层层。（2）绣花工艺产物：点缀花点缀点点花花……

其八十七：当代网络征联 '院士原是远视'

'院士原是远视'

出处：出现在电脑网络上，出联者未知。

分析：此联为谐音联。'院士''原是''远视'三个词组谐音。此类联句我把它统称为电脑拼音输入法产品联。用拼音输入法输入'yuanshi'.屏幕跳出'院士''原始''源氏''原是''原石''远视''冤死''圆石''原式'等等等等。然后，挑选几个词组连成意思和逻辑能通顺的句子，形成联句。此类联句有一种致命的毛病，就是，声律不谐。要么多（全）仄，要么多（全）平，联句声律呆板单调，读起来佶屈聱牙。不被行家提倡。

应对此类'电脑联'（非人脑构思而得），也可用电脑拼音输入法来进行应对。

试对：
以'诗人'对'院士'。输入拼音'shiren'.同时现出'诗人''世人''时人''私人''时任''是人''始认'等等等等，选择'诗人''始认''私''能'组成联句以对。

上联：院士原是远视（出联者未获知）
下联：诗人始认私能（书海）

多输入几组拼音，就有可能对出更加工整的联句来。没有多少难度。

其八十八：古遗联‘斗鸡山上山鸡斗’

‘斗鸡山上山鸡斗’

出处：
此联出处传为古代桂林一才子游览桂林斗鸡山时偶来灵感创作的一个回文联，到现在没有几个人对得出来。

分析：
‘斗鸡山’是漓江边的相邻两座山名。因状似两鸡相斗而得名。这是一个典型的回文联。正反读都是‘斗鸡山上山鸡斗’。‘斗鸡山’是名词组。‘山鸡’也是名词组。‘斗’动词。平仄是‘仄平平仄平平斗’符合声律。是个上联。现在给它对个下联。

试对：

（1）用鸟对鸡。
上联：斗鸡山上山鸡斗（古代桂林才子）
下联：嬉鸟林中林鸟嬉（书海）

（2）用龙对鸡。
上联：斗鸡山上山鸡斗（古代桂林才子）
下联：腾龙海中海龙腾（书海）

（3）用鳌对鸡。
上联：斗鸡山上山鸡斗（古代桂林才子）
下联：栖鳌涧中涧鳌栖（书海）

……
可以对出很多。网络上言至今无有对句，简直言过其实，自欺欺人，妄自菲薄。

其八十九：当代网络征联'天口吞日'

'天口吞日'

出处：

此联在网络上发现，由网名 king 提供。

分析：

这也是一个拆合字联。'天'与'口'合成'吞'字。再发挥文学想象力，将'天'拟人化，言'天'之口可以吞下'日'。为出联者丰富的想象力点赞。声律为平仄平仄，单调重复，非规范。是为上联。征下联。

试对：

（1）

以'龙'对'天'

上联：天口吞日（king 提供）
下联：龍手攏云（书海）

（2）

以'人'对'天'

上联：天口吞日（king 提供）
下联：子心忐神（书海）

注：忐（音 xin）：意同'信'

其九十：清朝纳兰性德词联 '一生一世一双人'

'一生一世一双人'

出处：

此联出自清代词人纳兰性德的词作《画堂春》：一生一代一双人，争教两处销魂。相思相望不相亲，天为谁春？浆向蓝桥易乞，药成碧海难奔，若容相访饮牛津，相对忘贫。

分析：

此联出自诗词，意思很美。平仄合律。声律为仄平仄仄仄平平。是个下联。征上联。

试对：

（1）

上联：有爱有情有个性（书海）
下联：一生一世一双人（清、纳兰性德）

（2）

上联：多傻多痴多少梦？（书海）
下联：一生一世一双人！（清、纳兰性德）

其九十一：当代网络征联'蛛网缀珠珠欲坠'

'蛛网缀珠珠欲坠'

出处：出现于近年互联网，出联者不详。

分析：这是一个谐音联。'蛛'与'珠'谐音；'缀'与'坠'谐音。平仄排列为平仄仄平平仄仄。合声律。末字仄声，为上联。联意平顺。意为蜘蛛网上点缀一颗珠子，珠子快要坠落。

试对：用鸟类对昆虫。
（1）
上联：蛛网缀珠珠欲坠（出联者未获知）
下联：雀巢侵鹊鹊常侵（书海）

（2）
上联：蛛网缀珠珠欲坠（出联者未获知）
下联：水塘留水水犹流（书海）

作者书法作品：雅致

其九十二：遗联'皮背心'

'皮背心'

出处：网络上偶然看到，作者不详。

据说，自从此联出现后，一直没有人能工对。'皮背心'是日常生活中普通不过的服装之一。

但就这简单普通的皮制背心，用来做对联的话，竟然把很多人难住了。用什么来对它呢？

皮背心是衣服类，对应的话，同样用人身上的衣装饰品来对较为贴切。

女性，特别是古代女性，对头顶上的装饰品非常重视，视为一个女人的头面。其装饰头上的装饰品也叫'头面'。有金银制成的，有珠贝制成的，也有象牙、珍稀动物的骨头制成的，还有用竹木制成的……

从联句判断，此联是一个下联，须要给它配上一个上联。

试对：

用象牙制作的头饰品对皮制的背心。

上联：骨头面（书海）
下联：皮背心（出联者未获知）

注：除了女性头上的装饰品称做'骨头面'外，地方上用猪骨头熬汤煮的面条也叫做'骨头面'（但只可以用来宽对，因为词组结构不同。女性的骨头面，是'骨'的头面，对'皮'的背心，工对；而食物的骨头面，是'骨头'的面，对'皮'的背心，未臻工对）

其九十三：当代网络征联'冰汽水'

'冰汽水'

出处：此联出自何时何人不详，从网络上看到有人把'冰汽水'列在难对的联句中。

我们平时常喝冰汽水，都知道冰汽水。但它做为一个上联，用什么来做它的下联，却不是那么简单容易了。'冰汽水'三个字分开来看，是水的三种形态。冰是固体，汽是气体，水是液体。

末字仄声，是一个上联。征下联。

就用相应的食品来对它吧！

饴，是麦芽等制作而成的半固体糖稀。烧开的时候，成为烫糖液。

试对：

上联：冰汽水（出联者不详）
下联：餳糖汤（书海）

注：饴，半固体；糖，结晶体（固体）；汤，液体。'饴糖汤'是糖的三种形态。

又：

上联：冰汽水（出联者不详）
下联：雪雾凇（书海）

注：雪雾凇，水的另外三种形态。

又：
上联：冰汽水（出联者不详）
下联：豆腐乳（书海）

注：豆腐乳是豆的三种存在形式。

其九十四：当代俗语联‘你骗我来我骗你，骗到最后谁骗谁？’

‘你骗我来我骗你，骗到最后谁骗谁？’

出处：从网络上看到此联。出联者不详。把日常的口语拿来做对联并非少见。但这一联有醒世意义。故聊抽空一对。

联意再明白不过，奉劝世人不要互相欺骗，到头来两败俱伤没有赢家。

此联平仄不规范，口语体，且在联脚运用了标点符号，严格来说非合格之联，应归属殊异趣联。末字平声，是个下联。现为它对个上联。

聊对：

上联：甲帮乙后乙帮甲，帮了就是自帮自！（书海）
下联：你骗我来我骗你，骗到最后谁骗谁？（出联者不详）

其九十五：遗联‘飞花不解东风意’

‘飞花不解东风意’

出处：从网络上看到，出联者不详。

分析：此联诗意浓厚。把花拟人化。声律符合规律，平仄排列为：平平仄仄平平仄。

从联面判断，是个上联。在寻求下联。

试对：

上联：飞花不解东风意（出联者不详）
下联：流水犹怜春雨心（书海）

其九十六：当代网络征联‘水墨丹青流雅韵’

‘水墨丹青流雅韵’

出处：来自网络，出联者不详。

分析：这联就是一句优美的诗。声律合规，声律排列为：仄仄平平平仄仄。

从联面判断是一个上联。寻求下联。

试对：

上联：水墨丹青流雅韵（出联者不详）
下联：山歌傩舞漫风情（书海）

其九十七：遗联‘爱恨随风恩怨散’

‘爱恨随风恩怨散’

出处：出自网络。出联者不详。

分析：这是一个描述情感的诗句，当做对联，就如一首律诗中的联句。声律排列为：仄仄平平平仄仄。是一个上联。

试对：

上联：爱恨随风恩怨散（出联者未获知）
下联：年华似水古今流（书海）

作者书法作品：爱

其九十八：当代网络征联‘银钩铁画藏风骨’

‘银钩铁画藏风骨’

出处：来自网络，出联者不详。

分析：‘银钩铁画藏风骨’指书画创作的一种刚健有力的运笔风格。声律为‘平平仄仄平平仄’。对之以‘琴棋书画’方面的内容较切。

试对：
（1）
上联：银钩铁画藏风骨（出联者未获知）
下联：金句珠词出玉壶（书海）

（2）
上联：银钩铁画藏风骨（出联者未获知）
下联：刀嘴鞭眸示节操（书海）

（3）
上联：银钩铁画藏风骨（出联者未获知）
下联：纤指细弦诉草心（书海）

其九十九：当代网络征联 '李姐理解礼节'

'李姐理解礼节'

出处：出现在网络上。出联者不详。

分析：此联为谐音联。'李''理''礼'三字谐音。'姐''节''解'三字谐音。此类联句多系电脑拼音输入法产品。在电脑键盘上输入'李姐'二字拼音'lijie'，一下出现'李姐''李杰''丽姐''礼节''理解''历届''莉姐''历劫''李捷''力竭''丽洁''力戒'……
然后，选出几个词组组成意思能贯通的句子，形成联句，做上联或下联。'进士尽是近视''院士原是远视'也一样是出自电脑拼音输入法得出的产品，并非经过出联者深思熟虑辛苦推敲的结果。此类联句有一个特点或者说不足就是：声律呆板单调，要么全平，要么全仄，很少有平仄变化。以对联的标准看，并非合格联句，算是一种文化快餐产品。姑且把这种方法创作的联句简称为'电脑联'。闲时玩玩，也可消磨时光。

试对：

上联：李姐理解礼节（出联者未获知）
下联：婶子深知身姿（书海）

又：

上联：李姐理解礼节（出联者未知）
下联：任氏认识仁师（书海）

附言：应对此类'电脑联'。以其之道还之其身，同样可以运用电脑拼音输入法应对。输入'婶子'的拼音 shenzi 一下就出现'神子''甚至''神志''等等等等……耐心的话，多输入一些词组拼音，会组成更工对的联句。

其一百：当代镶字联'风''雨'七唱

'风''雨'第一唱：

风带春声醒大地
雨消冬肃洗苍天

（2）
'风''雨'第二唱：

春风熏醉花间蝶
暖雨催潺林下泉

（3）
'风''雨'第三唱：

坦途风爽蹄声疾
辽野雨绵草色浓

（4）
'风''雨'第四唱：
良夜柔风传语细
清晨小雨润花轻

（5）
'风''雨'第五唱：
满地飞花风撼树
千山泼墨雨留人

（6）
'风''雨'第六唱：
唤醒天地暖风愿
重盛江山春雨心

（7）
'风''雨'第七唱：

林花润有珍珠雨
泉润清从金玉风

其一百零一：清朝乾隆帝联'玉帝行兵，风刀雨箭，云旗雷鼓天作阵'

无聊之时闲作诗，乾隆上句谁来对。

据传，乾隆帝满腹诗文，才华横溢，喜欢吟诗作对。

一次，乾隆在宁寿宫花园的萃赏楼设御宴，召纪晓岚、 刘墉，梁诗正等几位亲近的大臣饮酒赏月，山珍海味，丰盛异常。

君臣畅饮之际，天气忽变，狂风暴雨，电闪雷鸣。 乾隆正在兴头，听响雷战鼓般来于天际，看急雨箭矢似射向地面。 忽来灵感，随口一联：玉帝行兵，风刀雨箭，云旗雷鼓天作阵。

此联形象生动，气势恢弘，天子龙威，展露无遗。刘墉等人虽有和乾隆 唱和的经历，但一琢磨此联，均觉气势太盛，难于应对。只有纪晓岚 锋芒毕露，马上对上下联：龙王宴客，日灯月烛，山肴海酒地为盘。 此下联亦形象生动而气势不凡。乾隆在赞许的同时佯装恼怒，说， 纪晓岚，你好大的……。，本来乾隆想说你好大的胆，敢 欺君犯上。胆字还没出口，纪晓岚佯装酒醉，拍着自己的大肚子说。臣好大的肚子啊，大吃大喝，真乃酒囊饭袋也！乾隆大笑，不得不 佩服纪晓岚的才智。

话说当代诗人姚书海一日闲来无事，将乾隆的上联吟咏数遍， 拍案叫绝的同时，觉得乾隆的上联一点都不难对。马上想了几个对 句，斟酌之后，选出一下联：神仙对弈，银河凡界，星車月马宇为 盘。只有此联，才堪一对。

上联：玉帝行兵，风刀雨箭，云旗雷鼓天作阵（乾隆皇帝）
下联：神仙对弈，银河凡界，星車月马宇为盘（书海）

其一百零二：清朝石达开联'象州象山山像象'

象州象山山像象。

出处：见于互联网。传为太平天国时期名将石达开所创，未做细考。

分析：象山的山很像象。象州、象山皆地名。须用地名相对。因为突出了谐音的特点，平仄排序无法规范。归属殊异趣联。平仄顺序为：仄平仄平平仄仄。末字仄声，为上联。求下联。

试对：

用'羊泉'对'象州'；'羊石'对'象山'

上联：象州象山山像象（古代遗联）
下联：羊泉羊石石伴羊（书海）

注：羊泉，地名（亦是剧名）。羊石，地名（亦是化石名）

附宽对：

上联：象州象山山像象（古代遗联）
下联：牛村牛水水犨牛（书海）

其一百零三：唐朝遗联'龟鹤延年'

龟鹤延年。

出处：见于互联网，出处不详。

分析：据传此联为古代遗联。联中含唐朝名乐师李龟年、李鹤年，李延年三兄弟的名字。

平仄安排严谨。排序为：平仄平平。合乎对联的声律规范。为标准对联。末字平声，为下联。征上联。

试对：
以'楊松月''楊梅月''楊沐月'三姐妹名对'李龟年''李鹤年''李延年'三兄弟

上联：松梅沐月（书海）
下联：龟鹤延年（古代遗联）

其一百零四：当代网络征联‘园名原名圆明园’

园名原名圆明园。

出处：见于互联网，出处不详。

分析：园的名称，原来的名称是圆明园。‘园’‘圆’谐音。‘名’‘明’谐音。

平仄声律为：平平平平平平平。声律单调，非合乎规范联句，属于殊异联。末字平声，为下联，征上联。

圆明园是个名园，找同样有名的地方名不易，退其次，找个小地名相对。

试对：

用香港的小地方名‘香诚’对‘圆明’

上联：巷称相称香诚巷（书海）
下联：园名原名圆明园（古代遗联）

其一百零五：当代网络征联‘卧龙居里卧龙居’

卧龙居里卧龙居。

出处：见于互联网，作者不详。

分析：卧龙，三国时期诸葛亮的外号。卧龙居，屋舍名。在卧龙居里居住着卧龙先生。‘卧龙’重复，‘居’两种意思，一指住处，一指居住。一个当名词用，一个当动词用。
平仄排列为：仄平平仄仄平平。声律错落有致，是标准联句。末字平声，为下联。征求上联。

卧龙是历史人物，找能够与之相对的历史人物对之。

试对：
（1）
用历史人物‘来虎’对‘卧龙’

上联：来虎弄中来虎弄（书海）
下联：卧龙居里卧龙居（作者不详）

注：来虎：据《史记》，来虎，汉朝，来定之子。汉恒帝时，官拜屯骑校尉。

（2）
用典故‘饲虎’对‘卧龙’

上联：饲虎舍中饲虎舍（书海）
下联：卧龙居里卧龙居（作者不详）

注：
佛经中说，印度宝典国国王大车的三个太子，一日同到山中打猎，见一只母虎带着数只小虎饥饿难忍，母虎因此欲将小虎吃掉。三太子萨埵见状，将二位兄长支走，来到虎舍，卧在母虎前，饿虎已无力啖食。萨埵又寻来坚硬的树枝，刺伤身体后出血，然后让母虎啖血。母虎啖血恢复气力后与小虎们一起食尽萨埵身上的肉。二位哥哥不见弟弟，沿路寻找，终于找见萨埵尸骨，赶紧回宫禀告父王。国王和夫人赶到山中，抱着萨埵尸骨痛哭，然后收拾遗骨修塔供养。摩诃萨埵为了挽救老虎生命而甘愿牺牲自己肉身的萨埵太子就是佛祖释迦牟尼的前世，这种表现释迦牟尼前生累世忍辱牺牲、救世救人、各种善行的绘画作品被称为本生故事画。

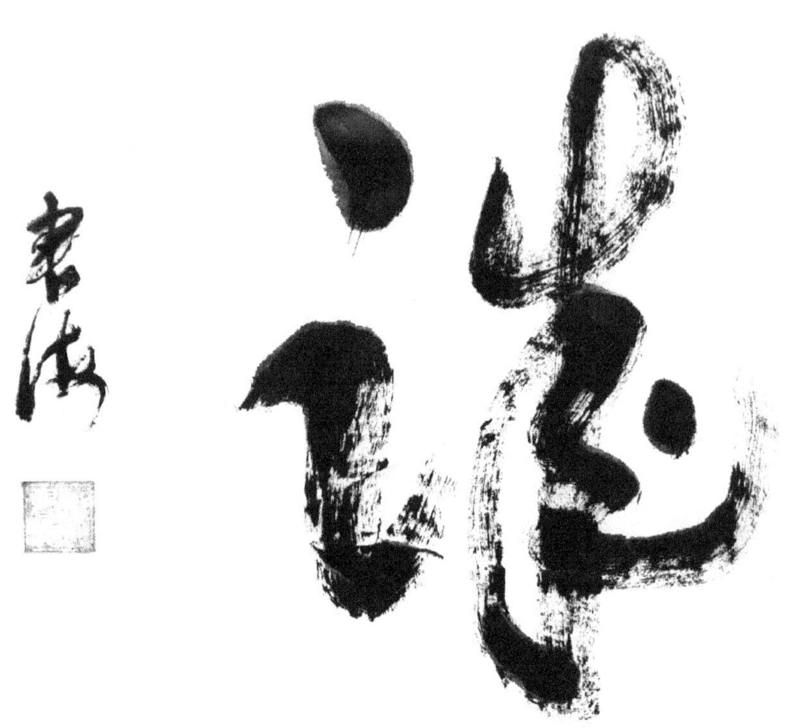

作者书法作品：诚

其一百零六：古代遗联‘炭去盐归，黑白分明山水货’

炭去盐归，黑白分明山水货。

出处：见于互联网，作者不详。传为古代卖炭翁所作。

分析：把炭卖去，把盐买回来。这两种东西一个黑一个白，黑白分明；一个山里出产（山货），一个水里出产（水货）。统称‘山水货’。这个联句反映农民生活情景。

平仄声律顺序为：仄仄平平，仄仄平平平仄仄。合乎对联对声律的规范，为标准对联。末字仄声，为上联。

试对：
（1）
用‘稻苗’对‘炭木’；‘麦草’对‘盐巴’

上联：炭去盐归，黑白分明山水货（古代遗联）
下联：秧来麦往，青黄不接夏春时（书海）

附宽对：

（a）
上联：炭去盐归，黑白分明山水货（古代遗联）
下联：马欢牛困，饱饥有别城村牲（书海）

（b）
上联：炭去盐归，黑白分明山水货（古代遗联）
下联：夏辞秋到，炎凉不测露霜天（书海）

其一百零七：遗联‘子女好大人可倚’

子女好大人可倚。

出处：见于互联网，作者不详。

分析：子女好的话，大人就有倚靠。这是一个拆合字联。平仄声律的安排不规则。其排序为：仄仄仄仄平仄仄。属于殊异联。末字仄声，为上联，求下联。

顾名思义，拆合字联，当然得用拆合字的方式去找能相对的字。这比较有难度，要求创作对联者须认识许多字并能熟练运用拆合法。

试对：

（1）
借助古体字。
用‘鲜’对‘好’；‘煑’对‘倚’（煑，读音 chai 阳平声，烧火之意）

上联：子女好大人可倚（作者不详）
下联：鱼羊鲜小二此煑（书海）

注释：鱼肉和羊肉都是新鲜的，小二这就烧火开煮。

（2）
上联：子女好大人可倚（作者不详）
下联：日月明小点共恭（书海）

附宽对：

上联：子女好大人可倚（作者不详）
下联：次贝资金口今鎓（书海）

其一百零八：遗联'山海关人山人海'与'山海关，人山人海，观山海'

A：山海关人山人海。

出处：见于互联网，出联者不详。

分析：山海关位于北京八达岭，为万里长城的一个要冲。山海关，游客众多，可谓人山人海。平仄顺序为：平仄平平平平仄，不规范。属于殊异联。末字仄声，为上联，征下联。

地名对地名，找能够相对的地名来对。

试对：

用'水'对'山'；'天'对'海'

上联：山海关人山人海（作者不详）
下联：水天坝龙水龙天（书海）

B:山海关，人山人海，观山海

此联是 A 联的添加联，在联尾添加了'观山海'。增加了一些趣味和对仗的难度。

试对：

与 A 同，用'水'对'山'；'天'对'海'

上联：山海关，人山人海，观山海（作者不详）
下联：水天坝，龙水龙天，霸水天（书海）

作者书法作品：笔墨永嘉

其一百零九：当代网络征联'中华文明，闻名中外'

中华文明，闻名中外。

出处：互联网。

分析：文明的中华，中外都闻名。联语平白。平仄排序为：平平平平，平平平仄。
声律不规则，属于殊异联。末字仄声，为上联。征下联。

试对：
用'西'对'东'；'土'对'华'；'公平'对'文明'

上联：中华文明，闻名中外（出联者不详）
下联：西土公平，供评西东（书海）

其一百一十：当代网络征联 '贿赂各有贝'

贿赂各有贝。

出处：互联网。

分析：贿赂对方，有各种各样的宝贝财物。这是拆合字联。'贿'拆解为'贝'和'有'；'赂'拆解为'贝'和'各'，因此说，'贿赂各有贝'。

平仄排列为：仄仄仄仄仄。整句全仄，声律太不规范，归属殊异联。末字仄声，为上联。

遇到拆合字联，当然也要用拆合字的方法相对。

试对：

（1）

上联：贿赂各有贝（出者不详）
下联：恬恺岂无心（书海）

注：恬：安恬，爱恬。恺：安和，安乐。

（2）
无情对：

上联：贿赂各有贝（出联者不详）
下联：鉹鍇皆多金（书海）

注：　鉹，读作：chǐ　　。小刀之意。

　　鍇。读作：kǎi　　。好鐵之意。

其一百一十一：遗联 '马大可驮兼可骑'

马大可驮兼可骑。

出处：见于互联网。

分析：马儿个头高大可以驮货物还可以骑坐。联意平淡无奇。有趣的是，马大可驮的 '驮' 是有 '马' 和 '大' 组合的。再加上一个 '可' 字，就组合成了 '骑' 字了。平仄排序为：仄仄仄平平仄平。符合对联的声律规范，为标准对联联句。末字平声，为下联。

此类拆合字对联较为难对。只能找能够拆合的字对之。

试对：

（1）
以 '人' 对 '马'。并运用简化字、繁体字。

上联：人文尤仪堪交傚（书海）
下联：马大能驮兼可骑（作者不详）

注：人的素质文明尤其信用，可以交往仿傚。

（2）
上联：人木被休尤舛傑（书海）
下联：马大能驮兼可骑（作者不详）

注：木，做 '木讷' 解。舛，相违背也。

其一百一十二：当代网络征联'妙龄女子好述'

妙龄女子好述。

出处：见于互联网。

分析：正处在嘉年华的女孩子喜欢婚嫁配偶。联意平白。平仄排序为：仄平仄仄仄平。声韵平仄基本符合对联的声律规则。末字平声，为下联，求上联。

此联亦是一个拆合字对联。'女'与'子'合成'好'；'妙'字含有'女'字旁。

试对：
用'俏老'对'妙龄''伈娶'对'好述'

上联：俏老人心伈娶（书海）
下联：妙龄女子好述（作者不详）

注：伈，读作 xin 上声调。意为恐惧。

其一百一十三：当代网络征联'石狮市实施四十事'

石狮市实施四十事。

出处：见于互联网。

分析：石狮市实施了四十件的事项。这是一个整句相同韵母的字组成的趣联。平仄排列为：仄平仄仄平仄仄仄。声韵排列不符对联的规范，属于殊异趣联。末字仄声，为上联，征下联。

此类同韵母的字组成的联句，对仗相当难，因为很难组成能够相对的句子。在现实中，要找到一个与'石狮市'能够相对的地名要花费很多时间在全国甚至全世界范围里找寻。即使找到了，也未必能组成发音相同逻辑关系通顺的句子。因此，要对得上此类对联，是不易的。
为了省却时间和走捷径。不从实际的地名上查找。从虚构的小说里找了一个地名。以虚对实。

试对：

用'蚁翼'对'石狮'（蚁翼，小说里的地名）

上联：石狮市实施四十事（出者不详）
下联：蚁翼邑疑遗一亿衣（书海）

其一百一十四：遗联'霜降降霜，儿女无双双足冷'与'霜降降霜，谁怜孀妇双脚冷'

A：霜降降霜，儿女无双双足冷。

出处：见于互联网。

分析：霜降时节下了霜，独生的儿子（或女儿）双足冰冷。霜降是二十四节气中的一个节气。'霜''双'同韵。平仄排序为：平仄仄平，平仄平平平仄仄。声律组合符合对联规则。末字仄声，为上联，征下联。

霜降是一个节气，那么，很显然，必须找一个从二十四节气中找一个与其能够相对的节气。

试对：
用'春分'对'霜降'

上联：霜降降霜，儿女无双双足冷（作者不详）
下联：春分分春，牛马成群群心温（书海）

注：春属十一真韵，群属十二文韵。按新韵十一真与十二文通用。

B：霜降降霜，谁怜孀妇双脚冷

B联是在A联的基础上略改数字使其联意大变。原联的'儿女'变成了'孀妇'。'孀'与'霜''双'也是同韵。

试对：

上联：霜降降霜，谁怜孀妇双脚冷（作者不详）
下联：春分分春，斯让群农群心温（书海）

附宽对：

上联：霜降降霜，儿女无双双足冷（作者不详）
下联：地震震地，房屋唯一一心悲（书海）

其一百一十五：遗联'弓虽强，石更硬，问门口何人可敌'

弓虽强，石更硬，问门口何人可敌

出处：互联网。

分析：弓虽然强劲，但是石头更硬，敢问在门口围攻的人哪个敢来匹敌。这是一个拆合字联，相类于'李广射虎，弓虽强，石更硬'。'弓'与'虽'组合成'强'；'问'拆解为'门'与'口'；'何'拆解为'人'与'可'。

平仄排列为：平平平，仄仄仄，仄平仄平平仄仄。声律不规则，属于殊异联。末字为仄声，是为上联，求下联。

试对：

上联：弓虽强，石更硬，问门口何人可敌？（作者不详）

下联：口若喏，心曾憎，思心田期月其圆（书海）

其一百一十六：遗联'莲堂有莲塘，堂在塘侧，塘莲围莲堂，莲堂塘侧赏莲香'

莲堂有莲塘，堂在塘侧，塘莲围莲堂，莲堂塘侧赏莲香。

出处：见于互联网，是某地一个名曰'莲堂'的屋宇的征联。并规定应征联要以'画'或'茶'为内容。

分析：屋宇名曰'莲堂'。在莲堂的侧旁有一个莲塘，水塘了莲花围绕着莲堂，人们在莲塘边欣赏莲花闻着莲花的香气。诗情画境，很美的一个联语。其平仄排序为：平平仄平平，平仄平仄，平平平平平，平平平仄仄平平。声韵排列不符对联的要求，视为殊异联。末字平声。为下联，征上联。

试对：
（1）

以'画'对'莲'

上联：画苑建画园，苑于园内，园画满画苑，画园苑内迷画境（书海）
下联：莲堂有莲塘，堂在塘侧，塘莲围莲堂，莲堂塘侧赏莲香（莲堂征联）

（2）

以'茶'对'莲'

上联：茶伶登茶岭，伶莅岭上，岭茶怡茶伶，茶伶岭上演茶艺（书海）
下联：莲堂有莲塘，堂在塘侧，塘莲围莲堂，莲堂塘侧赏莲香（莲堂征联）

其一百一十七：当代网络征联'母鸭无鞋空洗脚'

母鸭无鞋空洗脚。

出处：互联网。

分析：母鸭没有鞋子，洗了脚也是白洗。创作者从日常生活中撷取一个有趣的情景并用联语的形式表达出来。母鸭天生有鸭蹼，自然防水，根本就不需要鞋子，联句运用文学的拟人手法，幽默生动。平仄排序为：仄仄平平平仄仄。声律平仄符合对联的规范，是个标准的联句。末字仄声，为上联。

试对：

用'鸡'对'鸭'

上联：母鸭无鞋空洗脚（作者不详）
下联：雄鸡有冠常昂头（书海）

其一百一十八：遗联'蚕为天下虫'

蚕为天下虫。

出处：见于互联网。

分析：蚕为天下虫。这是一个拆合字联。'蚕'字拆解为'天'与'虫'，故曰虫是在天底下的。

试对：

（1）

用'鸼'对'虫'

上联：鸼是舟边鸟（书海）
下联：蚕为天下虫（作者不详）

注：鸼，读作 zhou 平声。

（2）

用'柘'对'虫'

上联：柘是石边木（书海）
下联：蚕为天下虫（作者不详）

注：柘，读作 zhe 仄声。

其一百一十九：遗联‘竹本无心，奈何节外生枝’

竹本无心，奈何节外生枝。

出处：见于互联网。

分析：竹子是空心的，在文学上被形容为虚心有节。它在节眼上发展枝丫。却被用作贬义。

本联平仄排列为：仄仄平平，仄平仄仄平平。声律安排符合对联的规范，是标准对联形式。末字平声，为下联，求上联。

试对：

用‘花’对‘竹’

上联：花虽有意，空自水中逐浪（书海）
下联：竹本无心，奈何节外生枝（作者不详）

其一百二十：当代网络征联‘八戒洗澡，猪下水’

八戒洗澡，猪下水。

出处：见于互联网。

分析：猪八戒去洗澡，就是一头猪下到了水里。这‘猪下水’又暗含猪的大肠小肠等猪内脏。
平仄排序为：仄仄仄仄，平仄仄。不规则。属于殊异趣联。末字仄声，为上联。

试对：

用‘孙悟空’对‘猪八戒’

上联：八戒洗澡，猪下水（作者不详）
下联：大圣追妖，佛跳墙（书海）

注：佛跳墙又指福建名菜佛跳墙。

其一百二十一：明朝遗联‘一碗清茶，解解解元之渴’

一碗清茶，解解解元之渴。

出处：见于互联网。传为一隐居老乐师所出的考解晋的奇联；亦有青楼才女出句为难解晋的说法。‘解’有三种读音，一读 jie 上声，解除、缓解之意；一读 xie 去声，姓氏也；一读 jie 去声，古时候官职‘解元’也。

分析：一碗茶，让解‘xie’解‘jie’元解渴了。此联妙在‘解’字三读音，三种不同意思。

欲对工稳此类同字多音的联，亦得用一字多音的字才可。百家姓中，‘单’‘包’‘干’‘车’‘参’等姓氏可用来参考使用。

试对：

用古代‘参军’职位对‘解元’学位。

上联：一碗清茶，解解解元之渴（传为明代遗联，作者不详）
下联：叁坛浊酒，参参参军所思（书海）

注：参，一读作 cen 平声，参（cen）差（ci 平声）高低错落变化；一读作 shen 平声，姓氏；一读作 can 平声或 zan 仄声。

有学者考据，古时候，参军（can, jun）亦读作（zan 仄声 jun 平声）后直接改‘参军’为‘赞军’，又后改为‘参赞’，参赞一直沿用至今。

其一百二十二：当代趣联‘本日飞机飞日本’

本日飞机飞日本。

出处：见于互联网，作者不详。

分析：本日飞机飞日本，顾名思义，意思浅显，无需解释。有趣的是‘本日’倒过来读就是‘日本’。联语顺读与反读一模一样。是个回文联。平仄排列为：仄仄平平平仄仄。标准对联声韵格式。是个标准联句。末字仄声，为上联，求下联。‘本日’指时间。‘日本’指飞机的目的地，是国家名称。

要破解并工对这样的奇巧回文联，首先要考虑，什么样的有关时间的词汇反过来读是一个国家名或者地方名。把全世界所有的国家名字在脑袋里过滤一遍，发现没有能够对得上日本的。只好退其次寻找一些地方名。在中国国内就有，不要跑到外国去找。

试对：

用地名‘时初’对‘日本’

上联：本日飞机飞日本（作者不详）
下联：初时潜艇潜时初（书海）

还有地方名为‘时前’‘年原’‘辰原’‘时源’等可对。不一一列举。

其一百二十三：明朝遗联'江氏在江亭追悼江西江县令'

江氏在江亭追悼江西江县令。

出处：见于互联网。传为明末在江西发生过反抗外国天主教的事情，江姓知县不幸殉难，义士江亢虎在江亭（即北京陶然亭）悼念江知县。时人将此事作成一联：江氏在江亭追悼江西江县令。据说当时报纸曾悬赏征下联。未有工对者。

分析：联意平白，说姓江的人在江亭悼念江西省的江县令。姓'江'，'江亭''江西''江县令'；一个联句中出现四个'江'字。而且意思各别。首先，考虑在百家姓中选择能够对得上'江'的姓来应对。此联平仄排序为：平仄仄平平平仄平平平仄仄。不规范，属于殊异联。末字仄声。为上联。征下联。

试对：

用'海'姓对'江'姓

上联：江氏在江亭追悼江西江县令（传为江亢虎）
下联：海员待海滨迎接海南海参谋（书海）

其一百二十四：宋朝遗联'石万石授石州离石县令'

石万石授石州离石县令。

出处：宋朝庄绰著《鸡肋篇》，录入此联。石万石于宋朝神宗元祐年间（公元 1086-1094）派任石州离石县（今属山西省）的县令。因姓氏是石，人名亦带石，州名是石，县名含有石。时人作此趣联并且征联，熟料无有对者。

分析：授予石万石，石州离石县的县令职位。联意平白。有趣的是一个联句中有四个'石'，难怪无人能对。平仄排列为：仄仄仄仄仄平平仄仄仄。声律平仄不规则，属于殊异联。末字仄声，为上联。

百家姓中，能对'石'的姓氏很多。'林''楊''柳''李''梅'等等皆可对。

试对：

用'花'对'石'

上联：石万石授石州离石县令（宋朝遗联）
下联：花一花当花市分花组员（书海）

其一百二十五：当代趣联'武松恩施救施恩，恩施施恩于恩施'

武松恩施救施恩，恩施施恩于恩施。

出处：见于互联网。

分析：在分析此联之前，先纠个大错：据施耐庵的《水浒传》，武松怒杀淫棍西门庆，被发配孟州。据学者考据，孟州，设置于唐朝武宗会昌三年（公元843年），辖区在河阳县（今河南省孟州市南。金朝时移至今孟州市），相当于今天的济源市、孟州市、温县和黄河南岸的荥阳市汜水镇、广武镇。时为河阳三城节度使之驻地，有洛阳的北门户之称。元朝时孟州地域缩小。明洪武十年（1377年）改为孟县。今天的河南省孟州市由此得名。

而恩施市位于湖北省西南部，武陵山北部，清江中上游，东邻建始县，西接利川市，南毗鹤峰县、宣恩县、咸丰县，北连重庆市奉节县。 介于东经109°4′48″~109°58′42″、北纬29°50′33″~30°39′30″之间。 东西长86.5千米，南北宽90.2千米，总面积3971.58平方千米。

综上所述，武松的发配地孟州与恩施相距数千公里，武松救施恩怒打蒋门神的故事是发生在孟州而不是在恩施。

之所以有此联出现，也许是创作者觉得地名的'恩施'与人名的'施恩'恰巧颠倒，点燃灵感，杜撰了此联。如此牵强附会，本不宜提倡，以免误导读者。但如此拼凑的对联却在互联网上摆出奇联绝对的姿态，实在看不过去，在纠错的同时，把它破解。碎其'出奇制胜'之想。

此联平仄排序为：仄平平平仄平平，平平平平平平平。声律平仄不符对联规范，属于殊异联。末字平声，为下联。

武松和施恩是历史故事人物，找相应的历史人物来对。

试对：

用'文壁'对'武松'；'布善'对'施恩'；用网站 sunbow（音译'善布'）对地名'恩施'。

上联：文壁善布教布善，善布布善传善布（书海）

下联：武松恩施救施恩，恩施施恩于恩施（出者不详）

注：文壁，即文征明（1470年11月28日至1559年3月28日），原名壁（或作璧）字征明。明朝嘉靖著名画家书法家诗人文学家。四十二岁起，以字行，更字征仲，因先祖衡山人，又号衡山居士，世称文衡山，汉族，长州（今苏州）人，明朝著名书法家、画家、文学家。官至翰林待诏。故又称文待诏。他为人正直，不事权贵，求其诗文书画者，络绎其道。享年九十岁，著有《甫田集》文征明诗、文、诗、画无一不精，人称'四绝'全才。与沈周共创吴派，与沈周、唐伯虎、仇英共称'吴门四家'；在诗文上，与祝允明、唐伯虎、徐祯卿共称吴中四才子。

布善，出生年月不详，卒于 1645 年。，满洲镶红旗人，姓伊尔根觉罗，清朝将领，参与松锦之战，战功显赫，带领清军入关。

其一百二十六：遗联‘大名小磨香油油香磨小名大’

大名小磨香油油香磨小名大。

出处：见于互联网。

分析：此联联意：大名的小磨香油又香又有名气。联中用了三个形容词‘大’‘小’‘香’。平仄排列为：仄平仄仄平平平平仄仄平仄。不合对联对声律的规定，属于殊异联。末字仄声，为上联。

试对：

用‘高’对‘大’；‘低’对‘小’；‘纯’对‘香’；‘纯奶’对‘香油’

上联：大名小磨香油油香磨小名大（作者不详）
下联：高效低脂纯奶奶纯脂低效高（书海）

其一百二十七：当代网络征联‘一而二，二而三，三人成众’

一而二，二而三，三人成众。

出处：见于互联网。

分析：此联由老子《道德经》中的经典名句"道生一，一生二，二生三，三生万物"化解而得。是拆合字联，‘众’是简化字，由三人组成。旧体字的‘衆’则不是由三个‘人’组成。

其平仄排列为：仄平仄，仄平平，平平平仄。声律平仄不规则，属于殊异联。末字仄声，为上联。

拆合字联，当选择能够拆合并能相对的字。

试对：

用‘重’对‘众’

上联：一而二，二而三，三人成众（作者不详）
下联：十犹少，百犹多，千里几重（书海）

其一百二十八：遗联'上八桥，中八桥，下八桥，三八二十四桥'

上八桥，中八桥，下八桥，三八二十四桥。

出处：出自互联网。

分析：三座'八桥'，还有一个'二十四'桥。此联很有意思，把四则运算运用其中。杜牧《寄扬州韩绰判官》云：青山隐隐水迢迢，秋尽江南草未凋，二十四桥明月夜，玉人何处教吹箫。这扬州的二十四从此名闻遐迩。

此联平仄不符规则，属于殊异联。末字平声，为下联，征上联。

试对：

用'路'对'桥'

上联：前幺路，仲幺路，後幺路，幾幺壹贰叁路（书海）
下联：上八桥，中八桥，下八桥，三八二十四桥（作者不详）

其一百二十九：清朝遗联'省曰黔省，江曰乌江，神曰黑神，缘何地近南天，却占北方正色'

省曰黔省，江曰乌江，神曰黑神，缘何地近南天，却占北方正色。

出处：清嘉庆年间，礼部尚书李宗仿作。

分析：据说官居要职的李宗仿途径乌江渡口，灵感忽来。创作了此联。联意是讲，黑色本来是代表北方，可是为什么在南方的贵州省（简称黔）、乌江、黑神，都占据了'黑'的成分，用代表黑色的字眼来命名？

平仄声律为：仄仄仄仄，平仄平平，平仄仄平，平平仄仄平平，仄仄仄平仄仄。全联只有第二字该平却仄。基本合律。末字仄声，为上联，求下联。

试对：
（1）

用'黄'对'黑'

上联：省曰黔省，江曰乌江，神曰黑神，缘何地近南天，却占北方正色（清代李宗仿）

下联：帝有金袍，土有燨土，肤有黄肤，皆为天怜圣地，不失元祖真传（书海）

（2）

用'香'对'黑'

上联：省曰黔省，江曰乌江，神曰黑神，缘何地近南天，却占北方正色（清朝李宗仿）

下联：果称甜果，花称馥花，德称馨德，只为天生本味，得使中华纯香（书海）

其一百三十：遗联'呆子吃杏，上一口，下一口'与'呆子吃杏，上一口，下一口，前后十八口'

A：
呆子吃杏，上一口，下一口。

出处：见于互联网。

分析：呆子吃杏，上一口下一口，乱咬一通。此联因字的结构上下变化而产生的趣联。这'口'字旁，一个在字的上方，一个在字的下方，故曰'上一口，下一口'。

平仄排列为：平仄仄仄，仄仄仄，仄仄仄。声律不符对联规定，属于殊异趣联。末字仄声，为上联。求下联。

试对：

用'心'对'口'；并运用古体字相对。

上联：呆子吃杏，上一口，下一口（出联者不详）
下联：忢人发念，古有心，今有心（书海）

注：忢，古同固，坚固，顽固之意。忢人，指思想顽固的人。

B：
呆子吃杏，上一口，下一口，前后十八口。

B 联比 A 联多了'前后十八口'

试对：

用'心'对'口'；'忢人'对'呆子'

上联：呆子吃杏，上一口，下一口，前后十八口（作者不详）
下联：忢人发念，古有心，今有心，古今同一心（书海）

其一百三十一：当代网络征联‘书架架书，书架书架’

书架架书，书架书架。

出处：见于互联网。

分析：书架架着书，书架在书架上。平仄排序为：平仄仄平，平仄平仄。
声律安排不符对联规定。为殊异联。末字仄声，为上联，求下联。

试对：

用‘布包’对‘书架’

上联：书架架书，书架书架（出联者不详）
下联：布包包布，布包布包（书海）

注：可以类推，诸如‘钱包’‘画包’等皆可对。

其一百三十二：当代网络征联‘田心见石思为砚’

天心见石思为砚。

出处：见于互联网。

分析：在田地当中的地方发现一块石头，想他是砚石吧！这是一个拆合字联，‘田’与‘心’合成‘思’；‘见’与‘石’合成‘砚’。平仄为：平平仄仄平平仄。
声律平仄符合对联的规范，为标准对联。末字从声，为上联，求下联。

试对：

用‘土’对‘田’；‘鎏’对‘砚’

上联：田心见石思为砚（作者不详）
下联：土里流金埋是鎏（书海）

其一百三十三：当代网络征联'涓涓溪流，浅浅深深，澎澎湃湃汇江海'

涓涓溪流，浅浅深深，澎澎湃湃汇江海。

出处：见于互联网。

分析：小溪流水，一路跌宕起伏，向江海奔去。

平仄排列为：平平平平，仄仄平平，平平仄仄仄平仄。平仄声律安排不规范。属于殊异联。末字仄声，为上联，征下联。

试对：

用'瀑布'对'溪流'

上联：涓涓溪流，浅浅深深，澎澎湃湃汇江海（作者不详）
下联：轰轰瀑布，远远近近，高高低低跃壑崖（书海）

其一百三十四：宋朝遗联'峰上一株枫，枫上一窝蜂，风打枫，蜂飞逃四方'

峰上一株枫，枫上一窝蜂，风打枫，蜂飞逃四方。

出处：据《同安文史资料》第二期介绍，南宋时代，理学家朱熹在同安县任主簿。出此联征联。

分析：'峰''蜂''风''枫'谐音同韵。'峰''蜂'同旁；'风''枫'亦同旁。

平仄排列为：平仄仄平平，平仄仄平平，平仄平，平平平仄平。声律平仄符合对联的规定，为标准对联。末字平声，为下联，求上联。

试对：

用'嶙'对'峰'；'林'对'枫'；'麟'对'蜂'；'霖'对'风'

上联：嶙中有片林，林中有匹麟，霖湿林，麟走窜千廪（书海）
下联：峰上一株枫，枫上一窝蜂，风打枫，蜂飞逃四方（宋代朱熹）

其一百三十五：当代网络征联‘太大犬十五夜张口吃月’

太大犬十五夜张口吃月。

出处：见于互联网。

分析：一只很大的犬，在月圆的十五之夜，张开大口就想吃月。这犬是天狗吧，古时候有‘天狗吠月’的传说，创作者想象力丰富，而且‘太’‘大’‘犬’三字都带有‘大’，这给对联者增加了很大的难度。

平仄排布为：仄仄仄仄仄仄平仄仄仄。声律不符对联的规范，归类为殊异联。末字仄声，为上联。征下联。

试对：

用‘小’对‘大’；‘星’对‘月’

上联：太大犬十五夜张口吃月（作者不详）
下联：不小木四更天昂头送星（书海）

其一百三十六：当代网络征联‘孙行者过太行山，肩挑行李’

孙行者过太行山，肩挑行李。

出处：见于互联网。

分析：联意平白如话。说孙悟空在过太行山的时候，肩上挑着行李。据《西游记》，唐僧师徒赴西天取经，一路上，肩挑行李的是沙和尚悟静。在此不究。

此联的关键之处是三个‘行’字。对仗时也得在同位置上放三个相同的字。且发音不尽相同。平仄声律为：平平仄仄仄平平，平平平仄。声律平仄符合对联的要求。末字仄声，为上联，求下联。

试对：

用‘水’对‘山’；‘祖冲之’对‘孙行者’

上联：孙行者过太行山，肩挑行李（出联者不详）
下联：祖冲之勘小冲水，手握冲筒（书海）

其一百三十七：古代遗联‘钟鼓楼中，终夜钟声撞不断’

钟鼓楼中，终夜钟声撞不断。

出处：据说为唐朝南昌钟鼓楼半边悬联。
分析：钟鼓楼，中国古代主要用于报时的建筑，是钟楼和鼓楼的合称。钟鼓楼主要有两种，一种建于宫廷内，一种建于城市中心地带，多为两层建筑。宫廷中的钟鼓楼始于隋代，止于明代。它除报时外，还作为朝会时节制礼仪之用。此外，唐代寺庙内也设钟和鼓，元、明时期发展为钟楼、鼓楼相对而建，专供佛事之用。
平仄排序为：平仄平中，平仄平平仄仄仄。平仄声韵符合对联的基本要求。末字仄声，为上联，求下联。
此联的要点在于‘钟’‘中’‘终’谐音同韵。

试对：
（1）
用‘经修阁’对‘钟鼓楼’
上联：钟鼓楼中，终夜钟声撞不断（唐朝遗联）
下联：经书阁境，竟年经颂噤难行（书海）

附宽对：
上联：钟鼓楼中，终夜钟声撞不断（唐朝遗联）
下联：诗书展际，期间诗赛事难停（书海）

其一百三十八：遗联‘太师上山遇山上师太’

太师上山遇山上师太。
出处：见于互联网。
分析：太师登山游览，在山上遇到了道观里师太。此为回文联，正读逆读发音和意思都一样。平仄排列为：仄平仄平仄平仄平仄。声律不符对联的基本要求。归于殊异联。末字仄声，为上联，求下联。

试对：

用‘工兵’对‘太师’；‘水’对‘山’
上联：太师上山遇山上师太（出联者不详）
下联：工兵下水找水下兵工（书海）

其一百三十九：遗联‘岑溪山水今奚在’

岑溪山水今奚在。

出处：见于互联网，出处未详。

分析： 岑溪，岑溪市（*壮文：CINZHIH*），广西壮族自治区下辖县级市，由梧州市代管；位于广西壮族自治区东南部，两广交界处，是两广交流和珠江三角经济区与大西南的结合点之一。地势东南高，西北低。属典型亚热带季风气候区。总面积 2783 平方千米。2015 年总人口 94.46 万人。

此联为拆合字联，‘岑’拆解为‘山’与‘今’；‘溪’拆解为‘水’与‘奚’
平仄排序为：平平平仄平平仄。符合对联的声律规范，属于规范联句。末字仄声，为上联。求下联。

试对：

在现有的中国地名中，一时难以找到能对应‘岑溪’的地名。先以古代印第安人土著部落名 gunuo（音译：鸹鳎）
先破了此联再论。

用‘鸹’对‘岑’；‘鳎’对‘溪’；‘鸟’对‘山’；‘鱼’对‘水’

上联：岑溪山水今奚在（古代遗联）
下联：鸹鳎鸟鱼古若何（书海）

其一百四十：当代网络征联'问门口何人可配己酉好女子'与'好女子己酉生，问门口何人可配'

（A）
问门口何人可配己酉好女子。

出处：见于互联网，出处未详。

分析：问问在门口的人们，哪个可以配得上己酉出生的儿郎。这是一个拆合字联。'问'拆解为'门'和'口'；'配'拆解为'己'和'酉'；'何'拆解为'人'和'可'；'好'拆解为'女'和'子'。

平仄排列为：仄平仄平平仄仄仄仄仄仄仄。声律平仄排列不合对联的规定，属于殊异联。末字仄声，为上联。求下联。

试对：

上联：问门口何人可配己酉好女子（作者不详）
下联：忡心中其月期癸功夫仂小人（书海）

注：癸，勤勉之意。

（B）

好女子己酉生，问门口何人可配

（B）联与（A）联只是字序排列不同而已，联意相同。对法一样。

上联：好女子己酉生，问门口何人可配（作者不详）
下联：仂小人功夫差，忡心中其月期癸（书海）

其一百四十一：当代网络征联‘妙少女原心愿配己酉郎’

妙少女原心愿配己酉郎。

出处：见于互联网。

分析：妙龄的少女她原来的心愿是嫁给己酉年出生的儿郎。

此联是拆合字联。‘妙’拆解为‘女’和‘少’；‘愿’拆解为‘原’和‘心’；‘配’拆解为‘己’和‘酉’。平仄声律排序为：仄仄仄仄平仄仄仄平。声律平仄不合对联的基本要求，属于殊异联。末字平声，为下联，求上联。

试对：

用‘仫’对‘妙’；‘含’对‘愿’，‘羙’对‘配’

上联：仫小人今口含羙大王者（书海）
下联：妙女子原心愿配己酉郎（出联者不详）

注：羙，读作 nong 仄声。讽刺、欺辱、玩弄之意。

其一百四十二：当代网络征联‘人言义议仁，论尽古今仁义事’

二人言义议仁，论尽古今仁义事。

出处：见于互联网。

分析：两个人在一起谈论人之信义和仁慈，把古今的仁义之事都讨论完了。这是一个拆合字联句。‘二’与‘仁’合成‘仁’；‘言’与‘义’合成‘议’（古为‘議’）。

平仄声律排列为：仄平平仄仄平，仄仄仄平平仄仄。符合对联的声律规范。末字仄声，为上联。求下联。

试对：

用‘旦夕情’对‘仁义事’

上联：二人言义议仁，论尽古今仁义事（作者不详）
下联：一日入夕多旦，诉多母子旦夕情（书海）

注：多，读作 meng 仄声。同‘梦’。

附宽对：

上联：二人言义议仁，论尽古今仁义事（作者不详）
下联：中心示直禎忠，缅怀中外忠直人（书海）

其一百四十三：当代网络征联'好女子，女家嫁，生男为甥'

好女子，女家嫁，生男为甥。

出处：见于互联网。作者不详。

分析：意为一个姣好的女子，从女家嫁出去了，她生了一个男孩，是外甥。这是一个拆合字联。'好'拆解为'女'和'子'；'女'和'家'合成'嫁'；'生'和'男'合成'甥'。平仄声律排序为：仄仄仄，仄平仄，平平平平。不符对联的声律要求。属于殊异联。末字平声，为下联。求上联。

试对：

用'官人'对'女子'

上联：佪官人，官心悹，立女是妾（书海）
下联：好女子，女家嫁，生男为甥（作者不详）

注：悹，音"guàn"，古同"悹"，表忧虑、忧患之意。

其一百四十四：古遗联'家住长安，出仕东安，貌比潘安，才似谢安，修己以安人，修己以安百姓'

家住长安，出仕东安，貌比潘安，才比谢安，修己以安人，修己以安百姓。

出处：来自互联网，作者不详。

分析：联中出现两个历史人物的名字'潘安'与'谢安'。潘安是个美男子；谢安是个诗人文学家。'修己以安人，修己以安百姓'是出自《论语·宪问》，意为：修养自己保持严肃恭敬的态度，修养自己使贵族、大夫们安乐，修养自己使全体老百姓安乐。
联句的声律平仄排序为：平仄平平，仄仄平平，仄仄平平，平仄仄平，平仄仄平平，平仄仄平仄仄。声律平仄符合对联的基本规定。末字仄声，为上联。
试对：
用'晓庆'对'潘安'；'澄庆'对'谢安'

上联：家住长安，出仕东安，貌比潘安，才似谢安，修己以安人，修己以安百姓（出联者不详）

下联：人从重庆，旅居大庆，娇如晓庆，艺同澄庆，献心而庆节，献心而庆九州（书海）

其一百四十五：当代网络征联'孙子孙子孙膑使《孙子兵法》如孙子'

孙子孙子孙膑使《孙子兵法》如孙子。

出处：见于互联网，作者不详。

分析：在分析此联奇巧之前，先纠个错：孙武（即孙子）是春秋时期的人物，而孙膑是战国时期的人物。在时间间隔上相差一百多年。虽然同姓孙，但并非就是孙武的孙子。如果是孙武的孙子，那孙武可以直接教授孙膑兵法，孙膑没有必要与庞统一起去拜鬼谷子为师。所以，把孙武（孙子）扯到孙膑，纯碎是为了制造对联奇巧而不顾历史的事实。再三劝诫，此行为不宜倡导，免误导后生。

联意：孙子（孙武）的孙子（孙膑），运用《孙子兵法》像孙子（孙武）一样。

平仄排列为：平仄平仄平仄仄平仄平仄平平仄。声律平仄排列不符对联的基本要求。属于殊异联。末字仄声，为上联，求下联。

试对：

用'祖师'对'孙子'

上联：孙子孙子孙膑使《孙子兵法》如孙子（出联者不详）
下联：祖师祖师祖氏证"祖师圆率"传祖师（书海）

注：祖暅，创祖暅原理（又名等幂等绩定理），是为此定理祖师。而祖暅的父亲祖冲之，证实了圆周率。故曰祖冲之是论证圆周率的祖师。

其一百四十六：古遗联'奈河桥，其奈我何，过奈何，不过奈何'

奈河桥，其奈我何，过奈何，不过奈何。

出处：见于互联网。传为某地的一座桥上挂的一个单联，至今无有工对。

分析：这座名曰奈河桥的桥，它能让我怎么样？要过去会怎么样，不过去又会怎么样。'河'与'何'谐音，'奈河'谐音'奈何'，故有此联。

平仄排序为：仄平平，平仄仄平，仄仄平，仄仄仄平。声律平仄符合对联的要求。末字平声，为下联。求上联。

试对：

用'路'对'桥'；'如是'对'奈何'

上联：如偍路，非如其是，走如是，未走如是（书海）
下联：奈河桥，其奈我何，过奈何，不过奈何（作者不详）

其一百四十七：遗联'清河，新河，香河，三河河间，涉青龙'

清河，新河，香河，三河河间，涉青龙。

出处：见于互联网，作者不详。

分析：此联包含了河北省七个县名：清河县，新河县，香河县，三河县，河间县，涉县，青龙县。

平仄排列为：平平，平平，平平，平平平平，仄平平。声律平仄不符对联的规定，属于殊异联。末字平声，为下联。求上联。

如此类以地名创作联句的对联，对之当然最宜同是地名。要求对者同是一个地方的地名，是为苛求。个人认为可以拼凑它地地名对之。只要工整就行。

试对：

用'岳'对'河'；'白虎'对'青龙'

上联：明岳，古岳，文岳，几岳岳麓，冀白虎（书海）
下联：清河，新河，香河，三河河间，涉青龙（作者不详）

其一百四十八：当代趣联'风入林则徐徐向前'与'风入松林则徐徐向前'

A：
风入林则徐徐向前。

出处：见于互联网，作者未详。

分析：风进入森林后，风速变缓慢了，徐徐向前拂过。此联应该这样断读：风入林，则徐徐向前。整句连在一起，可见联中镶嵌两个人名，一是清代林则徐，一是现、当代徐向前。

平仄排列为：平仄平仄平平仄平。声律平仄不符对联的规范，属于殊异联。末字平声，为下联，求上联。

镶嵌人名的联句，适宜寻找能相对的人名。

试对：

（1）

用'花'对'林'；'会后'对'向前'

上联：雨凋花无郁郁会后（书海）
下联：风入林则徐徐向前（作者不详）

注：花无郁，诗人名；郁会后，日本政客名。

（2）

用清代名人'郁逢庆'对当代军将'徐向前'

上联：雨润花无郁郁逢庆（书海）
下联：风入林则徐徐向前（作者不详）

B：
有人在原联'风入林则徐徐向前'中加了一个'松'字。新联句为'风入松林则徐徐向前'。'风入松'是词牌名，这就给对仗增加了难度。

试对：

用'蝶恋花'对'风入松'

上联：蝶恋花枝尤郁郁会后（书海）
下联：风入松林则徐徐向前（作者不详）

注;枝尤郁，人名。

其一百四十九：古遗联'东庙阚公，西庙房公，两公门户相对，方敢并坐'

东庙阚公，西庙房公，两公门户相对，方敢并坐。

出处：传说浙江慈溪县有东西二庙，东庙供三国东吴中书令阚泽，西庙供唐朝宰相房玄龄。有人作此联征联。

分析：阚泽是中书令，官职相当于现在的中央办公厅主任；房玄龄是宰相，相当于现在的国务院总理。两个都官位显赫，门当户对。

此联为拆合字联，'阚'拆解为'门'与'敢'；'房'拆解为'户'与'方'。

平仄排列为：平仄仄平，平仄平平，仄平平仄平仄，平仄仄仄。声律平仄不符对联的规定，属于殊异联。末字仄声，属上联，求下联。

找能够拆解并能与之相对的姓氏。

试对：

上联：东庙阚公，西庙房公，两公门户相对，方敢并坐（出联者不详）
下联：前营何帅，后营骆帅，二帅人马匹敌，各可自防（书海）

其一百五十：当代网络征联'蔡元培，黄炎培，培养出一代炎黄元元才子'

蔡元培，黄炎培，培养出一代炎黄元元才子。

出处：见于互联网，作者不详。

分析：蔡元培与黄炎培都是教育工作者，他们从平民百姓中培养出了许多才子。

此联是字词顶针式联，平仄排列为：仄平平，平平平，平仄仄仄仄平平平仄。声律平仄不规范，属于殊异联。末字仄声，为上联。求下联。

找各行业的人名相对。

试对：

用'佳人'对'才子'。找地方戏剧的演员名对之。

上联：蔡元培，黄炎培，培养出一代炎黄元元才子（作者不详）
下联：杨姣馥，兰梅馥，馥郁了几春梅兰姣姣佳人（书海）

附宽对：

上联：蔡元培，黄炎培，培养出一代炎黄元元才子（作者不详）
下联：龚衮诞，列马诞，诞生了数批马列衮衮王公（书海）

其一百五十一：当代网络征联'白河流白水，白水戏黄龙，翘首邀丹凤'

白河流白水，白水戏黄龙，翘首邀丹凤。

出处：见于互联网，作者不详。

分析：白河，白水，黄龙，丹凤，均为地名。

平仄排列为：仄平平仄仄，仄仄仄平平，仄仄平平仄。声律平仄符合对联的规范，末字仄声，为上联。求下联。

此类地名联，当找相应的地名对之。

试对：

用地名'青涧'对地名'白河'；'青山'对'白水'；'黑虎'对'黄龙'

上联：白河流白水，白水戏黄龙，翘首邀丹凤（作者不详）
下联：青涧隐青山，青山藏黑虎，安心赏碧鸡（书海）

其一百五十二：当代网络征联 '李白居，易安居'

李白居，易安居

出处：互联网。

分析：李白的居处（故居），易安的居处（故居）。

平仄声律排列为：仄仄平，仄平平。末字平声，为下联，求上联。

此联中镶了三个人名：李白，白居易，李易安。

要对此联，必须得找相应的人名对之。

试对：

用现代作家'柳青'对'李白'；'路遥'对'居易'；'柳遥远'对'李易安'

上联：柳青路，遥远路（书海）
下联：李白居，易安居（出联者不详）

注：上联含'柳青''青路遥''路遥''柳遥远'四个人名。

附宽对：

上联：杜甫志，高杰志（书海）
下联：李白居，易安居（出联者不详）

注：上联含'杜甫''甫志高''杜高杰'三个人名。

其一百五十三：当代楹联学者征联'刘琏流连留恋榴莲'

刘琏流连留恋榴莲。

出处：互联网。作者为任喜民先生。

分析：刘琏先生流连忘返，他留恋着榴莲。

这是谐音联。我把它称为电脑联。因为电脑键盘的功能，输入一组词语的拼音时，所有的谐音字或词组全部显现出来。'进士尽是近视'与'院士原是远视'等也是这样创作出来的，与其说创作，倒不如说是电脑促就。

此类谐音联句，平仄声律多为不规范。皆属殊异对联。本联的平仄排列为：平平平平平仄平平。末字为平声，为下联，求上联。

试对：

用'橄榄'对'榴莲'

在电脑的键盘输入'橄榄'的拼音。所有谐音字和词组都呈现出来。然后，选字组句。

上联：甘郎赶览敢揽橄榄（书海）
下联：刘琏流连留恋榴莲（任喜民）

附宽对：

用'蝴蝶'对'榴莲'

上联：胡爹糊叠敷贴蝴蝶（书海）
下联：刘琏流连留恋榴莲（任喜民）

其一百五十四：当代网络征联'曹操兵败赤壁，刘欢，孙悦'

曹操兵败赤壁，刘欢，孙悦。

出处：互联网。作者不详。

分析：曹操大败于赤壁，刘备欢喜，孙权喜悦。恰巧，刘欢和孙悦是当代演员的名字，这使联句增加了趣味。

平仄排列为：平平平仄仄仄，平平，平仄。声律不符对联的规范，属于殊异趣联。末字仄声，为上联，征下联。

找能够相对的历史人物和历史事件对之。

试对：

用'乌江'对'赤壁'；'项羽'对'曹操'

上联：曹操兵败赤壁，刘欢，孙悦（作者不详）
下联：霸王颈刎乌江，高胜，汉成（书海）

注：霸王惨溃，自刎于乌江，高祖战胜了，汉朝成立了。'高胜''汉成'亦是人名。

其一百五十五：当代网络征联'黄土高坡，青石头，黑木炭，烧出白石灰'

黄土高坡，青石头，黑木炭，烧出白石灰。

出处：互联网。作者不详。

分析：联意平白。在黄土高坡上，用黑木炭烧青石头，烧出了白石灰。联句中含有'黄''青''黑''白''灰'五种颜色。平仄排列为：平仄平，仄仄仄，平仄仄仄平。声律平仄不符对联的规定，属于殊异联。末字平声，为下联，征上联。

试对：

用'缁烟墨'对'白石灰'

上联：红河低谷，乌烟雾，碧菜油，制成缁烟墨（书海）
下联：黄土高坡，青石头，黑木炭，烧出白石灰（作者不详）

其一百五十六：当代网络征联‘莲青李白李青莲’

莲青李白李青莲。

出处：见于互联网，作者不详。

分析：莲叶青碧，李花雪白。青莲是李白的字。此联为回文联。含有李白的名和字。平仄为：平平仄仄仄平平。声律平仄排序规范，属于标准对联形式。末字平声，为下联，征求上联。

试对：

用‘梅馨’对‘李白’；‘馥菊’对‘青莲’

上联：菊馥梅馨梅馥菊（书海）
下联：莲青李白李青莲（作者不详）

注：梅馨，字馥菊。闽剧演员。

附宽对：

用‘杜甫’对‘李白’

上联：部工杜甫杜工部（书海）
下联：莲青李白李青莲（作者不详）

又：

用‘晏殊’对‘李白’

上联：叔同晏殊晏同叔（书海）
下联：莲青李白李青莲（作者不详）

注：晏殊，字同叔。

其一百五十七：民国遗联'山西阎锡山，游锡山，锡山无锡'

山西阎锡山，游锡山，锡山无锡。

出处：见于网络，作者不详。

分析：人称山西王的阎锡山，游览锡山，但锡山没有看到锡。'锡山'与'西山'谐音，这使得联句头五个字正读逆读谐音。最后两字'无锡'既意指没有锡，又含有地名'无锡'。

平仄排列为（按平水韵）：平平平仄平，平仄平，仄平平仄。平仄声律符合对联对声律的要求，属于标准形式对联。末字仄声，为上联。征下联。

试对：

用'铜水'对'锡山'；'水东'对'山西'作无情对

上联：山西阎锡山，游锡山，锡山无锡（作者不详）
下联：水东黄铜水，制铜水，铜水有铜（书海）

如果按中华新韵，锡读平声（阴平），则可用'贝海'对'锡山'；'有贝'对'无锡'

上联：山西阎锡山，游锡山，锡山无锡（作者不详）
下联：海北赵贝海，访贝海，贝海有贝（书海）

注：赵贝海，人名；有贝，公司名。

其一百五十八：当代网络征联'口天为吴，天口为吞，越勾践卧薪尝胆，三千越甲可吞吴'

口天为吴，天口为吞，越勾践卧薪尝胆，三千越甲可吞吴。

出处：见于互联网，作者不详。

分析：据清朝版《醒睡录》（清，邓文宾著）记载，明朝前期，有名曰胡寄垣者，初入学时，测试成绩被评下等，愤甚，即登楼苦读，三年间不下楼梯。作一联挂于墙上。上联曰：有志者，事竟成，破釜沉舟，百二秦关终属楚；下联曰：苦心人，天不负，卧薪尝胆，三千越甲可吞吴。数年后，金榜题名。

此联抄袭了明朝胡寄垣的联语联意，但在联句前半部分作了改动。'口天为吴，天口为吞'为'吴'与'天'拆合所致。

平仄声律为：仄平平平，平仄平平，仄平仄仄平平仄，平平仄仄仄平平。不合规范，属于殊异联。末字平声，为下联，征求上联。

试对：

（1）

挪用明朝胡寄垣的原联对之即可。

上联：林疋即楚，禹尸即属，秦项羽破釜沉舟，百二秦关终属楚（书海）
下联：口天为吴，天口为吞，越勾践卧薪尝胆，三千越甲可吞吴（网络征联）

（2）

用'曾子'对'勾践'

上联：心古是怙，古心是恧，鲁曾子咬指痛心，一部孝经堪恧怙（书海）
下联：口天为吴，天口为吞，越勾践卧薪尝胆，三千越甲可吞吴（网络征联）

注：曾子是鲁国人。咬指痛心：曾子的孝道典故；孝经，曾子的著作；恧，读作 hu 仄声，护也；怙，父也。

其一百五十九：明朝遗联'今朝重九，九重又遇一重阳'

今朝重九，九重又遇一重阳。

出处：据清代出版《坚瓠首集》载，明朝孝宗皇帝于重阳节出的一个单联。联句中'重九''重阳'指九月九日重阳节。'九重'指帝王居所。

分析：今天是重九，在皇宫又迎来了一个重阳节。这是一幅弄巧联，'重九'颠倒为'九重'；'重九'跟'重阳'是同一个节日的别称。

平仄排列为：仄平平仄，仄平仄仄仄平平。平仄声调符合对联的规范，为标准对联格式。末字平声，为下联。征上联。

表明节日的词组，最宜以相应的节日对之。

试对：

用'端五'对'重九'

上联：此日端五，五端相连整端午（书海）
下联：今朝重九，九重又遇一重阳（明孝宗）

注：端五即端午，最初端午曰'端五'。因端五时在一年中的中段五月，五月又曰'午'月。故也称'端午'，至今沿用。

　'五端'是指菖蒲、艾草、石榴花、蒜头、龙船花（山丹花）。

　端午节那天各家要悬插"五端"。

其一百六十：当代网络征联'缘因对句对姻缘'

缘因对句对姻缘。

出处：见于互联网。出联者不详。

分析：因为玩对句，结果对上了眼，成就姻缘。十分有趣。此联正读逆读谐音。但逆读意不同。平仄排列为：平平仄仄仄平平。声调平仄符合对联的规范。末字平声，为下联。征上联。

试对：

（1）

用'佛法'对'姻缘'

上联：法弗参情参佛法（书海）
下联：缘因对句对姻缘（出联者不详）

（2）

用'茉果'对'姻缘'

上联：果又收成收茉果（书海）
下联：缘因对句对姻缘）出联者不详

注：茉，读作 wei 仄声。茉果，一种中草药的果实。

其一百六十一：民国时期遗联‘浦江清游清江浦’

浦江清游清江浦。

出处：民国时期征联。

分析：浦江清（1904 年 12 月 26 日－1957 年 8 月 31 日），江苏省松江府人，中國古典文学專家，與朱自清合稱「清華雙清」。

清江浦是今江苏省淮安市主城區（清江浦区）的歷史名稱，在明、清時期是京杭大运河沿線享有盛譽的繁榮的交通樞紐和商業城市。設有屬於户部管理的皇家倉庫和屬於工部管理的四大漕船廠，駐紮有南河总督等許多重要官員。由於北方運河水量不足，清朝規定清江浦以北的運河只允許漕運船隻通過，因此大量旅客都必須在此進行「南船北馬」的交通方式的變更。

此联绝妙之处是：人名逆读变成地名。联句正读反读都是一样发音一样意思。是个‘音’‘义’双回文联。而且，所有字都是三点水边旁。全句声调平仄排序为：仄平平平平平仄。不符对联的格式规范，为殊异联。末字仄声，为上联，征下联。

试对：
（1）
用‘山’边旁对‘水’边旁，‘岑岳峻’对‘浦江清’作无情对。

上联：浦江清游清江浦（作者不详）
下联：岑岳峻峃峻岳岑（书海）

（2）
用‘火’边旁对‘水’边旁，‘秋煜焜’对‘浦江清’作无情对。

上联：浦江清游清江浦（作者不详）
下联：秋煜焜煊焜煜秋（书海）

其一百六十二：当代网络征联‘雨欲语鱼欲与娱’与‘遇雨余欲与鱼语’

（A）
雨欲语鱼欲与娱
出处：互联网。

分析：雨想对鱼儿说我想跟你一起欢娱。这是一个谐音联，或许又是一个电脑拼音输入法的产品。在键盘上输入‘雨’的拼音，所有同音字都呈现出来，然后组句，一个有趣的联句就这样产生了。我把这种类型创作的联句称之为‘电脑联’。因为它不是人脑思维创作出来的，而是由电脑提供‘材料’和‘零件’，然后，流水线般的组装而成。此类联句大多声调平仄不符对联规范，统归为‘殊异’联。
此联末字平声，为下联，征上联。

试对：
（1）
用‘风’对‘雨’；‘凤’对‘鱼’

上联：风疯讽凤疯封啡（书海）
下联：雨欲语鱼欲与娱（作者不详）

注：上联之意，风疯狂地讽刺凤鸟疯狂地封锁她的歌唱。
    下联之意，雨想要对鱼儿说他想要与鱼儿一起玩耍。
（2）
用‘雲’对‘雨’

上联：雲云允孕云匀运（书海）
下联：雨欲语鱼欲与娱（作者不详）

注释：上联之意，雲说允诺孕妇说是可以做些匀速的运动。
    下联之意，雨想要对鱼儿说他想要与鱼儿一起玩耍。

（B）
遇雨余欲与鱼语

联意跟（A）差不多。遇到雨的时候我想告诉鱼儿。平仄排序亦是不规则。属于殊异联。末字仄声，为上联，征下联。

试对
用‘风’对‘雨’；‘蜂’对‘鱼’

上联：遇雨余欲与鱼语（作者不详）
下联：逢风凤奉同蜂疯（书海）

其一百六十三：遗联'吾同子摘梧桐籽'

吾同子摘梧桐籽。

出处：不详。

分析：我和儿子一起采摘梧桐籽。'吾'与'梧'；'同'与'桐'谐音。平仄排序为：平平仄平平平仄。声调不符对联的规则。属于殊异联。末字仄声，为上联，征下联。

试对：

用代词'其'对代词'吾'；用'哥'对'子'

上联：吾同子摘梧桐籽（作者不详）
下联：其冀哥飙骐骥歌（书海）

注：骐骥，骏马也。下联释义：他希望他哥哥高唱骏马之歌。

又

上联：吾同子摘梧桐籽（作者不详）
下联：其冀宗梳骐骥鬃（书海）

下联释义：他希望宗亲梳理骏马的鬃毛。

再：

上联：吾同子摘梧桐籽（作者不详）
下联：其冀帝修骐骥蹄（书海）

其一百六十四：遗联'明月天心，老照四方八角'

明月天心，老照四方八角。

出处：不详。

分析：'明月'指'明月池'；'天心'指'天心阁'；'老照'指'老照壁'；'四方'指'四方塘'；'八角'指'八角亭'；以上均为长沙胜迹。

平仄为：平仄平平，仄仄仄平仄仄。声调合符对联的规则。末字仄声，为上联，征下联。

诸如此类联句，一句当中全是一个地方的景胜名称。很难在另一个地方有能相对的景胜名称对之。欲对此联，只好找多方名称对之。

试对：

用'寒星'对'明月'；'神眼'对'天心'；'新辉'对'老照'；'万户'对'四方'；'千颜'对'八角'

上联：明月天心，老照四方八角（长沙名胜遗联）
下联：寒星神眼，新辉万户千颜（书海）

其一百六十五：唐朝李白遗联'青林口，白铁匠，生红炉，烧黑炭，坐南朝北打东西'

青林口，白铁匠，生红炉，烧黑炭，坐南朝北打东西。

出处：网传为唐朝李白遗联。

分析：青林口的白铁匠，烧起黑炭，生起红炉，背南面北打着铁器。联句中含有'青''白''红''黑'四色和'南''北''东''西'四方位。但应注意的是，联句中的东西，不是指方向，而是代指铁器。平仄排序为：平平仄，平平平，平仄仄，仄平平仄仄平平。平仄声调符合对联规范，末字平声，为下联，征上联。

试对：

用'画师'对'铁匠'

上联：紫竹角，黄画师，调墨盘，执朱笔，汲外弘中描今古（书海）
下联：青林口，白铁匠，生红炉，烧黑炭，坐南朝北打东西（唐、李白）

其一百六十六：清朝遗联'吸几口，吹几口，口口带劲'

吸几口，吹几口，口口带劲。

出处：不详，传为清朝遗联。

分析：从联句字面上判断，应该是描绘清朝时代吸大烟的情景。估计是吸大烟者的有感而发，平仄不符对联的规定，属于殊异联。末字仄声，为上联。无有下联。

试对：

就以抽大烟的工具'烟枪'对之。

上联：吸几口，吹几口，口口带劲（传为清朝遗联）
下联：坐一枪，躺一枪，枪枪销魂（书海）

其一百六十七：当代网络征联'大力夯其土基石更硬'

大力夯其土基石更硬。

出处：《中华对联》期刊 1991 年第二期刊载。

分析：用大力夯土基，打到石头时，发现石头很硬。此为拆合字联。'大'与'力'合成'夯'；'其'与'土'合成'基'；'石'与'更'合成'硬'。从整个联句看，感觉夯土基时与石'更'硬不具备递进关系，也没有什么逻辑过程。'石更硬'来的太突兀，迎合拆合字罢了。如果去掉'石更硬'联句更顺吧！

试对：

按'大力夯其土基，石更硬'断读来对。

上联：大力夯其土基，石更硬（原观武）
下联：上心志此金鉴，木古枯（书海）

其一百六十八：当代网络征联 '台灯放在灯台上'

台灯放在灯台上。

出处：见于互联网之'王先生文化'网页。

分析：灯台放在灯台上，联意一览无余。此联有小小的巧妙：'台灯'反过来读就是'灯台'。平仄排序为：平平仄仄平平仄。声调格式符合对联的规范，可谓规范联句。末字仄声，为上联，征下联。

生活中可对台灯的物品颇多。撷取一二对之。

试对：

（1）

用'帘钩'对'台灯'

上联：台灯放在灯台上（撷自王先生网页）
下联：帘钩垂于钩帘边（书海）

注：杜甫有诗云："钩帘独无眠"

（2）

用'盒饭'对'台灯'

上联：台灯放在灯台上（撷自王先生网页）
下联：盒饭盛于饭盒中（书海）

（3）

用'壁画'对'台灯'

上联：台灯放在灯台上（撷自王先生网页）
下联：壁画成于画壁中（书海）

其一百六十九：古代俗语联'上山容易下山难'

上山容易下山难。

出处：古代俗语。

分析：上山容易下山难，这是古人生活经验的总结，含有生活哲理。把它当做一个联句，则十分有趣，一个上山，一个下山；一个容易，一个难。都是反着来的。

联句的平仄排序为：仄平平仄仄平平。声调规律符合对联格式的规范。末字平声，为下联。征求上联。

试对：

用'水'对'山'

上联：顺水快当逆水慢（书海）
下联：上山容易下山难（古成语）

其一百七十：当代网络征联'老高个子老高'

老高个子老高。

出处：见于互联网之'王先生网页'。

分析：老高的个子很高。把'很高'说成'老高'是地方话。以方言入对联较为鲜见。第一个'老高'为姓氏尊称；第二个'老高'形容其个子高。平仄排序为：仄平仄仄仄平。声调符合对联的规范。末字平声，为下联，征上联。

试对：

（1）

用'富'姓对'高'姓。

上联：小富身家小富（书海）
下联：老高个子老高（撷自王先生网页）

（2）

用'赖'姓对'高'姓。

上联：小赖性情小赖（书海）
下联：老高个子老高（撷自王先生网页）

其一百七十一：当代网络征联‘带领职工戴领带’

带领职工戴领带。

出处：见于互联网之‘王先生网页’。

分析：联意平白。此联把平时的口语用作联语，且有一定的妙趣。‘带领’反过来就是‘领带’，‘戴’又与‘带’谐音。平仄排列为：仄仄仄平仄仄仄。声调犯孤平，不宜提倡。末字仄声，为上联，征下联。

试对：

（1）

用‘教条’对‘领带’作无情对。

上联：带领职工戴领带（撷自王先生网页）
下联：条教干部调教条（书海）

（2）

用‘领导’对‘职工’作无情对。

上联：带领职工戴领带（撷自王先生网页）
下联：歌颂领导搁颂歌（书海）

其一百七十二：当代网络征联‘千斤顶力顶千斤’

千斤顶力顶千斤。

出处：互联网之‘王先生网页’。

分析：千斤顶的力量能顶千斤。此联小有妙趣。平仄排列为：平平仄仄仄平平。声调平仄符合对联的规范。末字平声，为下联，求上联。

试对：

（1）

用‘一字拖’对‘千斤顶’

上联：一字拖脚拖一字（书海）
下联：千斤顶力顶千斤（撷自王先生网页）

注：一字拖，拖鞋的一种。

（2）

用‘一夜舒’对‘千斤顶’

上联：一夜舒身舒一夜（书海）
下联：千斤顶力顶千斤（撷自王先生网页）

其一百七十三：当代网络征联‘人行道上道行人’

人行道上道行人。

出处：见于互联网之‘王先生网页’。

分析：人行道上说行人。此联为回文联。正读逆读发音相同意思相同。第一个‘道’字名词，第二个‘道’字动词。声调平仄为：平平仄仄仄平平。为标准对联声调格式。末字平声，为下联，征上联。

试对：

（1）

用‘佛’对‘人’

上联：佛学书中书学佛（书海）
下联：人行道上道行人（撷自王先生网页）

（2）

用‘圣’对‘人’

上联：圣隐观中观隐圣（书海）
下联：人行道上道行人（撷自王先生网页）

其一百七十四：当代网络征联‘门中集市闹纷纷’

门中集市闹纷纷。

出处：见于互联网之‘王先生网页’

分析：集市都连到门口了，门口人声鼎沸。此联为拆合字联，‘门’与‘市’合成‘闹’。平仄为：平平仄仄仄平平。声调规律符合对联的规定。末字平声，为下联，征上联。

试对：

（1）

用‘月’对‘门’

上联：月边晓日明灿灿（书海）
下联：门中集市闹纷纷（撷自王先生网页）

（2）

用‘户’对‘门’

上联：户外新邑扈乱乱（书海）
下联：门中集市闹纷纷（撷自王先生网页）

（3）

用‘土’对‘门’

上联：土冂汇人坲寂寂（书海）
下联：门中集市闹纷纷（撷自王先生网页）

注：冂，读作 jiong 阴平声。意为边远也。《说文解字》："邑外谓之郊，郊外谓之野，野外谓之林，林外谓之冂，区域之边也"。坲，静也。

其一百七十五：当代网络征联‘动员远动员运动’

动员运动员运动。

出处：出自互联网‘王先生网页’

分析：运动员懈怠了，动员运动员们不要停止运动。联意有趣。组句似绕口令。以‘运动员’拆分组合成一个单联，不得不佩服创作者的巧妙联想。平仄排序为：仄平仄仄平仄仄。其声调不符对联的规定，属于殊异趣联。末字仄声，为上联。征下联。

试对：

以‘裁判’对‘运动’。

上联：动员运动员运动（撷自王先生网页）
下联：裁判主裁判主裁（书海）

附宽对：

（1）
上联：动员运动员运动（撷自王先生网页）
下联：争论斗争论斗争（书海）

（2）
上联：动员运动员运动（上同）
下联：查办调查办调查（书海）

（3）
上联：动员运动员运动（上同）
下联：观照参观照参观（书海）
……。

其一百七十六：当代网络'因火成烟，若不撇开终是苦'

因火成烟，若不撇开终是苦。

出处：见于互联网。作者不详。

分析：

这是取自古名联'此木为柴山山出；因火成烟夕夕多'与照搬古名联'若不撇开终是苦；各能捺注即成名'的上联组成的新联句。平仄排列为：平仄平平，仄仄平平平仄仄。声调规律符合对联的规定。末字仄声，为上联。征下联。

试对：

在五行木火土金水，取'金'对'火'

上联：因火成烟，若不撇开终是苦（作者不详）
下联：此金铸鉴，各能捺注便留名（书海）

其一百七十七：宋朝遗联'江鬲隔江，问巫马期骑马无'

江鬲隔江，问巫马期骑马无。

出处：载于朝代出版物《鸡肋篇》上卷，著者宋绰。

分析：江鬲、巫马期均是人名。江鬲隔着江，问巫马期有没有骑马？联意很平白，有趣的是，'鬲'与'隔'谐音。'隔江'是'江鬲'回文的谐音。同样，'骑马无'是'巫马期'回文的谐音。难度太大，七八百年来无有对句。

平仄排序为：平仄仄平，仄平仄平平仄平。声调平仄符合对联的格式。末字平声，为下联，征上联。

试对：

用'牛'对'马'；'卫'姓对'巫'姓；'水'姓对'江'姓。

上联：水王望水，看卫牛耕更牛未（书海）
下联：江鬲隔江，问巫马期骑马无（宋朝遗联）

注：水王，卫牛耕均人名。

上联解释：水王望着水（塘），看看卫牛耕更换了牛没有？
下联解释：江鬲隔着江（水），问问巫马期有没有骑马来？

其一百七十八：当代网络征联‘相机照相，照谁更像谁’

相机照相，照谁更像谁。

出处：见于互联网之王先生网页。

分析：相机照相，照谁像谁，谁照了都像自己。‘像’与‘相’谐音。

平仄排列为：仄平仄仄，仄平仄仄平。声调排列符合对联的格式规范。末字平声，为下联，征上联。

试对：

用‘妆奁’对‘相机’

上联：妆奁化妆，化脸就撞脸（书海）
下联：相机照相，照谁更像谁（撷自王先生网页）

附宽对：

上联：情侣煽情，煽我又请我（书海）
下联：相机照相，照谁更像谁（撷自王先生网页）

其一百七十九：当代网络征联‘首长带头拍手掌’

首长带头拍手掌。

出处：见于互联网之王先生网页。

分析：首长带头拍起手掌来。‘首长’与‘手掌’谐音。联意平白但含义深刻。首长作报告时，如果讲得好，部下会鼓掌捧场。可是，下面没有反应，却由首长自己带头鼓掌，这很有可猜之处。联句的平仄顺序为：仄仄仄平平仄仄。声调犯了孤平。末字仄声，为上联，征下联。

试对：

用‘新生’对‘首长’

上联：首长带头拍手掌（撷自王先生网页）
下联：新生开始发心声（书海）

附宽对：

上联：首长带头拍手掌（撷自王先生网页）
下联：后宫彻尾哑喉咙（书海）

其一百八十：当代网络征联‘冬至夜长日短，夏至夜短日长’

冬至夜长日短，夏至夜短日长。

出处：见于互联网之王先生网页。

分析：冬至时段，白昼时间较短而夜晚时间较长；夏至时段相反。这是将大自然现象的经验总结转化为一个联句。平仄声调为：平仄仄平仄仄，仄仄仄仄仄平。不符对联对声调的规定。属于殊异联。末字平声，为下联。征上联。

对于这种用二十四节气作对联的联句，对之也应用二十四节气较为适合。

试对：

用‘春分’对‘冬至’；用‘秋分’对‘夏至’

上联：春分水碧山青，秋分水青山碧（书海）
下联：冬至夜长日短，夏至夜短日长（撷自王先生网页）

其一百八十一：当代网络征联'说明书上书明说'

说明书上书明说。

出处：见于互联网之王先生网页。

分析：说明书上面书写着明白的解说。此联为回文联。顺读逆读既谐音又意同。很佩服创作者的联想力和创作力，凭一个词——————说明书，加一个'上'字就创作了一个意趣盎然的联句，中国汉字的魅力无处不在，其张力永久不衰。

此联声调平仄为：仄平平仄平平仄（按旧时平水韵）；按现代普通话声韵的话，其声调平仄为：平平平仄平平平。

按平水韵，此联末字仄声，为上联，征下联。

试对：

用'分岔道'对'说明书'

上联：说明书上书明说（撷自王先生网页）
下联：分岔道中道岔分（书海）

按现代普通话新声韵。

用'动漫画'对'说明书'

上联：动漫画中画漫动（书海）
下联：说明书上书明说（撷自王先生网页）

其一百八十二：古代遗联 '荷花荷葉莲蓬藕'

荷花荷葉莲蓬藕。

出处：见于互联网，传为古代遗联。

分析：荷叶，莲蓬，藕都是荷花的组成部分。此联一个特点是每个字都是草字头。平仄为平平平仄平平仄。声调平仄符合对联的格式规范。末字仄声，为上联。征下联。

网络上把此联说成史上最难对的对联之一实属言过其实。

荷花是植物花卉，在植物类别中找能相对的植物名。'树'对'花'颇合。

试对：

用'松树'对'荷花'

上联：荷花荷葉莲蓬藕（古代遗联）
下联：松树松枝松果根（书海）

其一百八十三：当代网络征联 '众狮子，登狮子峰，大作狮子吼'

众狮子，登狮子峰，大作狮子吼。

出处：见于互联网。

分析：一大群狮子，登上了狮子，在那儿吼叫。联意平白。平仄排列为：仄平仄，平平仄平，仄仄平仄仄。很显然声调平仄不符对联之规定，当属殊异联。末字仄声，为上联，征下联。

试对：

用'鸟儿'对'狮子'

上联：众狮子，登狮子峰，大作狮子吼（作者不详）
下联：孤鸟儿，歇鸟儿巢，顿息鸟儿啼（书海）

其一百八十四：清朝遗联‘枫岭峰上栽枫树，风吹枫叶落丰城’

枫岭峰上栽枫树，风吹枫叶落丰城。

出处：传为清皇帝乾隆出的联句。乾隆帝下江南，游至赣，一县官因难断两县镇争地问题请求圣裁。在江西省丰城市董家镇与高安市的荷岭镇交界处有座山岭，叫枫岭。这棵古枫，枝繁叶茂，遮天蔽日，气势十分宏伟，有数人合抱之粗。晴日里在几十里外的高安城可清晰地看到这棵古枫树。由此山岭南北两地的百姓为这座山岭的归属问题打了不少的官司，以至于后来还出现了大规模的械斗。

乾隆皇帝便来到枫岭，要化解这多年的争斗。就把两地官员以及一些才子武夫召集过来，准备协商山岭归属问题。此时，正值秋季，山岭上枫叶渐黄，山风劲吹，枫叶片片零散飘落，有的随风飘向岭南侧丰城县境方向。乾隆见景生情，诗性大发。于是，乾隆说你们两地多年争抢一直没有分出胜负，如今我出一对联，双方在一注香的时间内应出下联，以应联胜者得此岭……这是历史传说。

分析：‘枫’‘峰’‘丰’谐音。欲对此联，须注意这一点。平仄为：平仄平仄平平仄，平平平仄仄平平。声调平仄不合对联之规定，属于殊异联。末字平声，为下联，征上联。

试对：

用‘麟’对‘枫’；‘林’对‘峰’；地名‘临县’对地名‘丰城’

上联：嶙垄林中藏麟兽，霖浴麟身走临县（书海）
下联：枫岭峰上栽枫树，风吹枫叶落丰城（乾隆帝）

注：临县，县名；丰城，县名。

其一百八十五：遗联‘峰上枫，枫上蜂，秀峰顶上生枫树，枫树结蜂巢，风吹枫叶封蜂户，蜂归无路’

峰上枫，枫上蜂，秀峰顶上生枫树，枫树结蜂巢，风吹枫叶封蜂户，蜂归无路。

出处：见于互联网，出处不详，作者不详。

分析：

联意平白：山峰上有一株枫树，枫树上有一窝蜜蜂，风吹落枫叶贴在了蜂的出入口，蜂的路被堵住了。

平仄为：平仄平，平仄平，仄平仄仄平平仄，平仄仄平平，平平平仄平平仄，平平平仄。其声调平仄符合对联的规定，末字仄声，为上联，求下联。

试对：

上联：峰上枫，枫上蜂，秀峰顶上生枫树，枫树结蜂巢，风吹枫叶封蜂户，蜂归无路（遗联）

下联：嶙中林，林中麟，沃嶙当中长林海，林海藏麟舍，霖浴林枝压麟房，麟走何方（书海）

其一百八十六：当代网络征联'老白饮干白，白老饮白干，老白非白老，干白非白干'

老白饮干白，白老饮白干，老白非白老，干白非白干。

出处：见于互联网。

分析：干白指无兑水的白葡萄酒；白干即白酒，指的是高粱酒。'老白''白老''干白''白干'，整个联句像绕口令似的饶有趣味。声调平仄为：仄仄仄平仄，仄仄仄仄平，仄仄平仄仄，平仄平仄平。其声调平仄不符对联之规定，属于殊异趣联。

末字平声，为下联，征上联。

试对：

用'红'对'白'

上联：小红喜酒红，红小喜红酒，小红异红小，酒红异红酒（书海）
下联：老白饮干白，白老饮白干，老白非白老，干白非白干（作者不详）

其一百八十七：当代网络征联'家有人才才有财'

家有人才才有财。

出处：见于互联网。

分析：家庭里面有人才的话就等于有财富就可以发财，这话有一定的道理。'才'与'财'谐音。平仄排列为：平仄平平平仄平。声调平仄符合对联的规定。末字平声，为下联。征上联。

此联难度颇大。两个'才'字，词性不同；'才'与'财'谐音同韵。

试对：

用'婚姻'对'家庭'

上联：婚无爱果果无缧（书海）
下联：家有人才才有财（作者不详）

注：缧，束缚、羁绊之意。

其一百八十八：当代网络征联'从小到大都出尖'

从小到大都出尖。

出处：见于互联网。

分析：联意是讲一个人从小到大的成长过程中某个方面都是很拔尖的。这是一个拆合字联。'小'与'大'字组合成'尖'。声调平仄为：平仄仄仄平仄平。不符对联的规定。属于殊异联。末字平声，为下联。征上联。

试对：

用'夵'对'尖'

上联：始宏终末犹成夵（书海）
下联：从小到大都出尖（作者不详）

注：夵，读作 yan 仄声。意为事情初兴后败，造物始大终小或上大下小。

其一百八十九：当代网络征联'明晨旭日照旮旯'

明晨旭日照旮旯。

出处：见于互联网。

分析：明天早上，一轮朝日又将照耀旮旯之处。其声调平仄为：平平仄仄仄平平。符合对联的规定。末字平声，为下联。征上联。

这是一个用含有'日'字边旁的字组成的联句。十分有趣。联末二字'旮旯'又是字结构相反的两个字。这就给对仗增加了相当的难度。但愈是这样，愈发引起嗜联者的挑战激情。

试对：

用'晌午'对'清晨'

上联：昨晌春晖暄杲杳（书海）
下联：明晨旭日照旮旯（作者不详）

其一百九十：民国时期遗联'由山而城，由城而陂，由陂而河，由河而海，每况愈下'

由山而城，由城而陂，由陂而河，由河而海，每况愈下。

出处：民国时期报刊征联。

分析：由山而城，指的是从孙中山到袁世凯（袁世凯是河南项城人）；由城而陂，指的是从袁世凯到黎元洪（黎元洪是湖北黄陂人）；由陂而河，指的是从黎元洪到冯国璋（冯国璋是河北河间人）；由河而海，指的是从冯国璋到徐世昌（徐世昌是江苏东海人）。联意为：民国时期，总统像走马灯似轮换，结果是国家越来越糟。

声调平仄为：平平平平，平平平平，平平平平，平平平仄，仄仄仄仄。其联声调平仄不符对联的规定，当属殊异联。末字平声，为下联，征上联。

试对：

以中国共产党从建党到夺得政权的过程来对。

上联：由山而城，由城而陂，由陂而河，由河而海，每况愈下（民国时期遗联）
下联：自湖至村，自村至邑，自邑至窑，自窑至都，难忘从前（书海）

注：下联之意：自南湖党成立，接着革命转向农村，又从农村包围城市，广州、南昌等起义失败，撤至西北屈居窑洞，最后夺得政权，建都北京。

其一百九十一：明朝遗联'七品衙门，五品官，四品服色'

七品衙门，五品官，四品服色

出处： 明代出版物《坚瓠十集》卷一。明嘉靖庚寅年间，夏言任兵科都给事中，因议郊祀礼，加翰林学士衔，掌科事，又服四品服色。明代，给事中官七品，翰林学士五品，当时翰林检讨许诰用这一事作一单联，几百年来无有对句。

分析：在七品衙门任职，却封官五品，穿的是四品官服。朝廷官场的这种特殊情况也许历代希有。在民国至全国解放后，共产党人中就有一位官员也是类似这种情况，那就是成仿吾老革命家。成老早期追随孙中山革命，后又加入共产党，为教育事业做出非常大的贡献。新中国成立后，成老致力于教育事业，他担任的是地方大学校长，行政级别是八级局长级，享受的工资待遇却是部长级五级。

试对：

以大学'校长'对'翰林'

上联：七品衙门，五品官，四品服色（明朝遗联）
下联：八级学校，六级衔，五级工资（书海）

注：一般地方大学的行政级别是局司八级。

其一百九十二：当代网络征联 '家有老母，松下等离子'

家有老母，松下等离子。

出处：见于互联网。

分析：顾名思义，老母亲在松树下等待着离家远游的儿子归来。'松下'和'等离子'是双关词。'松下'既指松树下，又是日本松下电器的公司名。当然，对仗时也可以不必考虑到这一层的意思。'等离子'既指在松树下等待着儿子，也是物理学上的一个名词。

此联声调平仄为：平仄仄仄，平仄仄平仄。声调平仄不符对联之规定，属于殊异趣联。末字仄声，为上联。征下联。

试对：

用'荆妻'对'老母'

上联：家有老母，松下等离子（作者不详）
下联：室无荆妻，墓中留醉翁（书海）

注：醉翁，既指喝醉酒的老翁，亦是唐宋八大家欧阳修的别名，又指刘伶。'留'谐音'刘'。古籍记载，刘伶醉死后被葬入坟墓三年。三年后开棺复活。

其一百九十三：古语联 '惊天地，泣鬼神'

惊天地，泣鬼神。

出处：古籍。

分析：让天地惊诧，让鬼神啼哭。说明事件的严重程度。声调平仄为：平平仄，仄仄平。符合对联的格式规范。末字平声，为下联，征上联。

试对：

用'沧桑'对'天地'；'人世'对'鬼神'

上联：幻沧桑，感人世（书海）
下联：惊天地，泣鬼神（古语）

其一百九十四：古酒馆门联‘东不管，西不管，东西酒馆’

东不管，西不管，东西酒馆。

出处：网传古酒馆门联。

分析：传说古代有人开一酒馆，写了一个单联‘东不管，西不管，东西酒馆’，对者颇多，店主皆不满意，一代代下来，竟然至今空悬。

此联并不难，为何无对？疑为近人所作伪托古联。联意解释为：不管东不管西，且上东西酒馆喝酒去。声调平仄为：平仄仄，平仄仄，平平仄仄。不符对联的规定。属于殊异联。末字仄声，为上联，征下联。

须注意的是：‘管’与‘馆’谐音。

试对：

（1）

用‘论坛’对‘酒馆’

上联：东不管，西不管，东西酒馆（古酒馆门联）
下联：今也谈，古也谈，今古论坛（书海）

（2）

用‘旅人’对‘酒馆’

上联：东不管，西不管，东西酒馆（古酒馆门联）
下联：南亦仁，北亦仁，南北旅人（书海）

其一百九十五：电视台春晚征联‘百善孝为先，常回家看看’

百善孝为先，常回家看看。

出处：电视台春晚征联。

分析：‘百善孝为先’是一个成语；‘常回家看看’是一首歌的曲名。把这两个词组联合在一起，成为一个非常有意味的联句，可谓浑然天成，天衣无缝。

声调平仄为：仄仄仄平平，平平平仄仄。符合对联的规范。末字仄声，为上联，征下联。

试对：

（1）

用‘一生’对‘百善’；‘出国’对‘回家’

上联：百善孝为先，常回家看看（电视台春晚征联）
下联：一生光太疾，多出国游游（书海）

注：‘多出国游游’为一旅行社广告语。

（2）

用‘信义’对‘孝顺’；‘国’对‘家’

上联：百善孝为先，常回家看看（电视台春晚征联）
下联：一生信最重，多替国忧忧（书海）

（3）

用‘诚’对‘孝’

上联：百善孝为先，常回家看看（电视台春晚征联）
下联：诸情诚是首，多置腹谈谈（书海）

其一百九十六：遗联‘进古泉喝十口白水’

进古泉喝十口白水。

出处：传为唐朝武则天时代一绝对。有一位秀才进京赶考。途中渴极，遇一泉，名曰‘古泉’。书生解渴之后，望着‘古泉’二字的碑刻，忽生灵感，作了一上联曰：‘进古泉喝十口白水’。一时对不出下联，遂向文人墨客征联，然而久久无对。

分析：进入古泉喝了十口水。联意平平。有点趣味在于这‘古泉’二字拆解为‘十口白水’。实际上喝的泉水应该是透明清澈而无颜色的，这‘白’字是从‘泉’字拆解出来的，故曰‘白水’。只能意会矣！

此联声调平仄排列为：仄仄平仄仄仄仄仄。声调平仄不符对联的规定，属于殊异联。末字仄声，为上联。征下联。

向来对‘水’字以‘山’为最适。故先从‘山’字考虑应对。

试对：

以‘山’对‘水’

上联：进古泉喝十口白水（传为唐代遗联）
下联：挑重炭出千里灰山（书海）

其一百九十七：遗联'九龙山上九条蟲，蟲、蟲、蟲'与'宁海海宁，九蟲山上九条蟲，蟲，蟲，蟲'

（A）

九龙山上九条蟲，蟲，蟲，蟲。

出处：见于互联网，传为古遗联。

分析：看，九龙山上有九条蟲。蟲，蟲，蟲。该联平仄为：仄平平仄仄平平，平，平，平。其声调平仄符合对联的规定，末字平声，为下联，征上联。

此联应注意'龙''蟲'同韵母。

上联：三燕峰前三阵雁，雁，雁，雁（书海）
下联：九龙山上九条蟲，蟲、蟲、蟲（作者不详）

（B）

宁海海宁，九蟲山上九条蟲，蟲、蟲、蟲。

分析：（B）联在（A）联的前面加了'宁海海宁'。宁海县和海宁市分别为浙江省属的两个县级市。这九虫山究竟是在宁海还是海宁？所以此联加了'宁海海宁'使本来明明白白的联意变成不明白了。也许创作者为了对联手法上的顶针效果而忽略了实际，，应对者也不较真，从字面上对工整就算了。

声调平仄排列为：平仄仄平，仄平平仄仄平平，平、平、平。声调平仄符合对联的规范，末字平声，为下联，征上联。

试对：

上联：镇江江镇，三象路中三座象，象、象、象（书海）
下联：宁海海宁，九蟲山上九条蟲，蟲、蟲、蟲（创作者不详）

镇江、江镇均为地名。

其一百九十八：当代网络征联‘鸟在笼中欲张飞，望孔明，无奈关羽’与‘笼中鸟欲张飞，无奈关羽’

（A）
鸟在笼子欲张飞，望孔明，无奈关羽。

出处：见于互联网。

分析：这是一个一语双关的趣联。‘张飞’意为‘张开翅膀飞翔’；‘孔明’意为鸟笼的格子个个看着很清楚（明亮），‘关羽’意为关闭羽翼。整句的意思是：鸟困于笼中，想张开翅膀飞离，望着一个个明亮的采光透气孔却飞不出去，只好无奈地收起自己的羽翼。

平仄为：仄仄平平仄平平，仄仄平，平仄平仄。声调平仄不符对联的规定。属于殊异联。末字仄声，为上联，征下联。

试对：

（1）
俗话说鱼鸟鱼鸟。以‘鱼’对‘鸟’，‘门当户对’。

上联：鸟在笼中欲张飞，望孔明，无奈关羽（作者不详）
下联：鱼朝潭底思罗隐，藏神秀，唯愁陆游（或用陆游的别名：务观）（书海）

注：罗隐，唐朝诗人；神秀，唐朝六祖；陆游，宋朝诗人。

（2）

用三国中‘刘备’‘孙权’‘曹操’对‘张飞’‘孔明’‘关羽’

上联：鸟在笼中欲张飞，望孔明，无奈关羽（作者不详）
下联：檐于墙下予留备，虽榫全，唯憾槽糙（书海）

注：留备谐音刘备；榫全谐音孙权；槽糙谐音曹操。

（B）

笼中鸟欲张飞，无奈关羽。

此联与（A）联类似。

试对：
（A）

上联：笼中鸟欲张飞，无奈关羽（作者不详）
下联：潭底鱼思罗隐，唯愁务观（书海）

注：陆游字务观。

（B）

上联：笼中鸟欲张飞，无奈关羽（作者不详）
下联：墙下檐予留备，唯憾槽糙（书海）

注：刘备谐音留备；曹操谐音槽糙。

上联：笼中鸟欲张飞，无奈关羽（作者不详）
下联：墙下檐予留备，唯憾槽糙（书海）

注：刘备谐音留备；曹操谐音槽糙。

其一百九十九：当代网络征联 ‘枸杞维他命’

枸杞维他命。

出处：出自互联网。

分析：枸杞，又称枸杞子等，是茄科小灌木枸杞的成熟子实。枸杞药食同源的历史悠久，是驰名中外的名贵中药材，早在《神农本草经》中就被列为上品，称其为"久服轻身不老、耐寒暑"；有延衰抗老的功效，又名"却老子"。枸杞子中含有多种氨基酸，并含有甜菜碱、玉蜀黍黄素、酸浆果红素等特殊营养成分，使其具有非常好的保健功效。

现代医学研究表明，它含有胡萝卜素、甜菜碱、维生素 A、维生素 B1、维生素 B2、维生素 C 和钙、磷、铁等，具有增加白细胞活性、促进肝细胞新生的药理作用，还可降血压、降血糖、血脂。
……

其声调平仄为：仄仄平平仄。符合对联的规定。末字仄声，为上联。征下联。

枸杞是药名；维他命亦为药名。欲工对此联，须用能相对的药名。

试对：

用'薄荷'对'枸杞'；'舒尔心'对'维他命'

上联：枸杞维他命（作者不详）
下联：薄荷舒尔心（书海）

注：舒尔心，治心脏药。

其二百：遗联'说人之人，被人说之人说，人人被说，不如不说'

说人之人，被人说之人说，人人被说，不如不说。

出处：见于互联网。

分析：传说这是一个古单联，因难对而至今未有对句。

联意含有哲理，说别人的人，也被那些被说的人说，这样说来说去，人人都被说了，倒不如不说！

该联声调平仄为：仄平平平，仄平仄平平仄，平平仄仄，仄平仄仄。其声调平仄未合对联的规定，属于殊异联。末字仄声，为上联。征下联。

试对：

上联：说人之人，被人说之人说，人人被说，不如不说（作者不详）
下联：伤情斯情，遭情伤斯情伤，情情遭伤，无为无伤（书海）

另附：

如果'说'字按现在普通话读音作平声。该联末字平声，为下联，征上联。

上联：贿官斯官，受官贿斯官贿，官官受贿，皆知皆贿（书海）
下联：说人之人，被人说之人说，人人被说，不如不说（作者不详）

其二百零一：遗联‘日字锤锤扁是曰，曰字搓搓长是日’

日字锤锤扁是曰，曰字搓搓长是日。

出处：见于互联网。传为古遗联。

分析：联意是说把‘日’字锤扁了就是‘曰’字；把‘曰’字搓长了就是‘日’字。很形象，也很有趣。这是根据字形而发联想，成就了一个趣联。该联语的声调平仄为：仄仄平平仄仄仄，仄仄平平平仄仄。其声调平仄未合对联的规范，属于殊异趣联。末字仄声，为上联，征下联。

试对：

用自然界的‘川’对自然界的‘日’

上联：日字锤锤扁是曰，曰字搓搓长是日（作者不详）
下联：川身躺躺横如三，三身站站竖如川（书海）

其二百零二：古遗联‘三塔寺前三座塔，塔，塔，塔’与‘浙江江浙，三塔寺前三座塔，塔，塔，塔’

（A）

三塔寺前三座塔，塔，塔，塔

出处：传为明朝才子解晋被难倒的对联。

三塔寺前面有三座塔，这联意很平白。其声调平仄为：平仄仄平平仄仄，仄，仄，仄。声调平仄不符对联的规定，属于殊异联。末字仄声，为上联。征下联。

试对：

用‘楼’对‘塔’

上联：三塔寺前三座塔，塔，塔，塔（传为明朝遗联）
下联：重楼苑里重叠楼，楼，楼，楼（书海）

（B）
浙江江浙，三塔寺前三座塔，塔，塔，塔

此联较（A）联多了‘浙江江浙’。也许作者为了增加难度。殊不知，增加‘浙江江浙’使原来很明白的联意变得模棱两可。浙江指浙江省，江浙指江苏和浙江两省。到底这三塔寺在何处呢？

如果不较真其联意，也可破解此联。用假对的方法。

上联：浙江江浙，三塔寺前三座塔，塔，塔，塔（传为明朝遗联）
下联：台港港台，白云楼上百祥云，云，云，云（书海）

注：台港位于台湾。‘白’与‘百’同音，借对。

其二百零三：宋朝名联：‘三光日月星’

三光日月星。

出处：据宋朝出版的《桯史》（宋朝岳珂著）记载。有番属小国使者进贡时带来一联曰：‘三光日月星’这三种在宇宙中主要的发光体日、月、星，被统揽了，又用数字‘三’匡定。极其难对。唐宋八大家的苏东坡获知，对曰：‘四诗风雅颂’因‘雅’又分‘大雅’与‘小雅’故曰‘四诗’。一时大获颂扬。

分析：三个发光体日、月、星。是联的声调平仄为：平平仄仄平。声调平仄很规范。为标准联。末字平声，为下联。征上联。

试对：

（1）

以实对实，用‘人、天、地’对‘日、月、星’

上联：一宇人天地（书海）
下联：三光日月星（宋朝某藩国）

（2）

以虚对实。用佛教的‘因、缘、果’对宇宙的‘日、月、星’

上联：一世因缘果（书海）
下联：三光日月星（宋朝某藩国）

其二百零四：当代网络征联'古月随胡马入关'

古月随胡马入关。

出处：见于互联网。

分析：一轮月亮，自古以来的月亮，随着胡兵的马步，攻入关内。人所皆知，月照天下，当然同时照着关内关外。岂是关内没有月亮，而从关外随着胡兵的进入才跟着来？联意有待商榷。个人认为，把'随'改为'照'或'陪'较妥。

胡是匈奴的别称。漢族對中原地區北部和西部的少數民族的統稱，例如五胡十六国，五胡指的是匈奴、鲜卑、羌、氐、羯五個民族。

後在古文泛指外国人。

是联之声调平仄为：仄仄平平仄仄平。其声调平仄符合对联之规范。末字平声，为下联，征上联。

试对：

用'星'对'月'；'狮'对'虎'

上联：酉星瞰醒狮追敌（书海）
下联：古月陪胡马入关（作者不详）

其二百零五：古遗联‘鳳山山出鳳，鳳非凡鳥’

鳳山山出鳳，鳳非凡鳥。

出处：传为古遗联。

分析：鳳山的山里面，生长着鳳凰，鳳不是平凡的鸟儿。繁体字‘鳳’拆解为‘凡’与‘鳥’。这是一个拆字联。其声调平仄为：仄平平仄仄，仄平平仄。符合对联的规范，末字仄声，为上联，征下联。

试对：

用‘鱼’对‘鳥’；‘水’对‘山’

上联：鳳山山出鳳，鳳非凡鳥（古遗联）
下联：鮚水水㳠鮚，鮚是吉鱼（书海）

注：鮚，念 jie 阳平声。㳠，念 zhui 仄声，双水并流之意。

其二百零六：当代罕见的粗俗口语联‘白天没鸟事，晚上鸟没事’

白天鸟没事，晚上鸟没事。

出处：见于互联网。

分析：白天没什么事（无所事事），晚上更没事情了。该联用粗俗的语言，讽刺了一些浑浑噩噩昏昏庸庸的人。也有人认为该联是讽刺一些官僚主义尸位素餐的官员。在上班时无所作为，晚上回家也不负责任。

该联的平仄排列为：仄平平仄仄，仄仄仄平仄。声调平仄不符对联的规定，为殊异联。末字仄声，为上联。征下联。

是联虽然粗俗，但有一定的批评意义。故聊以应对，且当雅俗共赏之乐。

试对：
(1)

用‘牛’对‘鸟’

上联：白天没鸟事，晚上鸟没事（作者不详）
下联：闲际太牛 b，忙时牛太 b（书海）

注：b 念平声。

（2）

用‘暗地’对‘白天’；‘风情’对‘鸟事’

上联：白天没鸟事，晚上鸟没事（作者不详）
下联：暗地有风情，平时风有情（书海）

其二百零七：明代遗联'水远天空，开云种玉嫌山浅'

水远天空，开云种玉嫌山浅。

出处：广东省潮阳市海门莲花峰的崇文亭亭柱石刻单联。

在广东潮阳市海门莲花峰诸多古迹中，最令游人流连忘返驻足凝思的是峰下的崇文亭。该亭建于明代，文革十年浩劫中遭毁坏，1986 年按原样用钢筋水泥重建。亭柱上原有一古联，由于年代久远，下联及落款尽失，不知何人所撰。其上联曰：

水远天空，开云种玉嫌山浅

由于下联久佚，数百年来，骚人墨客豪绅雅士游览之后，在凭吊忠烈文天祥之余，皆欲弥补下联。遗憾悉无工对。

是联的声调平仄为：仄仄平平，平平仄仄平平仄。其声调平仄符合对联的规范。末字仄声，为上联。征下联。

试对：

用'咏珠'对'种玉'；'月明'对'山浅'

上联：水远天空，开云种玉嫌山浅（明代遗联）
下联：星稀宇静，品藻咏珠爱月明（书海）

其二百零八：当代网络征联'山高日月明'与'嵩明山高日月明'

（A）

山高日月明。

出处：见于互联网。

分析：联意平白。然此联奥妙处是：'山高'合成'嵩'；'日月'合成'明'。嵩明是昆明市的一个县名。

其声调平仄排列为：平平仄仄平。符合对联的规定。末字平声，为下联。征上联。

地名拆合字联向来难于工对。欲找到能对应的地名相当不易。先用'沙闷''沙镇'两个地名对之。

试对：

（1）

用'水少'对'山高'；地名'沙闷'对地名'嵩明'

上联：水少心门闷（书海）
下联：山高日月明（作者不详）

（2）

用'水少'对'山高'；地名'沙镇'对地名'嵩明'

上联：水少真金鎭（书海）
下联：山高日月明（作者不详）

（B）
嵩明山高日月明
（C）联比（A）联在联首增加了两个字'嵩明'。其声调平仄变为：平平平平仄仄平。不符对联的规定。属于殊异联。末字平声，为下联。征上联。

试对：

（1）

上联：沙闷水少心门闷（书海）
下联：嵩明山高日月明（作者不详）

（2）

用'水易'对'山高'

上联：湯志水易士心志（书海）
下联：嵩明山高日月明（作者不详）

其二百零九：古寺庙单字遗联'净'

净。

出处：传为一古庙石刻单联。

分析：这是佛门语言。意为人生干干净净地来，干干净净地去。真可谓'不带走一片云彩'。也在劝诫人们身心干净、思想干净。身心干净就不带风尘污垢；思想干净就没有精神负担。'净'是仄声，为上联。征下联。

佛门中语言，同样也用佛门中语言对之。

试对：

上联：净（古寺遗联）
下联：空（书海）

其二百一十：当代网络征联'莫言路遥余秋雨'与'莫言老舍余秋雨'

（A）
莫言路遥余秋雨。

出处：见于互联网。

分析：这是用三个当代作家的名字组成的对联。联意解释为：不要说路途遥远还下着秋雨。
平仄排列为：仄平仄平平平仄。其声调平仄不符对联的规则，属于殊异联。末字仄声，为上联。征下联。

人名对人名。甄选三个人名对之。

试对：

用明星'尤敏'对'莫言'；'田野'对'路遥'；'徐夏风'对'余秋雨'

上联：莫言路遥余秋雨（作者不详）
下联：尤敏田野徐夏风（书海）

（B）

（B）联改'路遥'为'老舍'。平仄声调规范了。全联平仄为：仄平仄仄平平仄。末字还是仄声，仍为上联。征下联。

试对：

用国外名人'尤赞'对'莫言'；'少林'对'老舍'；'徐晓风'对'余秋雨'

上联：莫言老舍余秋雨（作者不详）
下联：尤赞少林徐晓风（书海）

注：尤赞，国际名人；徐晓风，教授、学者、博士生导师。

其二百一十一：当代网络征联 '霸王别姬，心犹痛楚'

霸王别姬，心犹痛楚。

出处：见于互联网。

分析：霸王别姬，霸王是项羽，姬是指项羽最爱的妻子----虞姬。据《史记·项羽本纪》记载：霸王项羽在和刘邦在争夺霸权的战争中，最后失败，自知大势已去，在突围前夕，不得不和虞姬决别。'痛楚'双重意思：一指与爱妻诀别心里痛苦；二指痛失自己浴血奋战建立起来的楚国天下。

试对：
对于这种用历史人物和历史典故来创作的对联，也应用历史人物和其典故对之。
用明朝的末代皇帝破国典故对之。
任选一个历史典故，尝试用'崇祯'对'霸王'

上联：霸王别姬，心犹痛楚（作者不详）
下联：崇祯弃国，眼已无明（书海）

其二百一十二：当代网络征联 '椅为奇木，此村寸木难寻'

椅为奇木，此村寸木难寻。

出处：见于互联网。

分析：联意解释：此椅子是奇木做成的，在这个村子里可是寸木都找不到的呀！

该联为拆合字联，'椅'拆解为'奇'与'木'；'村'拆解为'寸'与'木'。

其平仄排序为：仄平平仄，仄平仄仄平平。声调平仄符合对联的规定。末字平声，为下联，征上联。

'木'为植物类，以植物类的字词对之为妥；'木'又属于五行'木火土金水'，也可用五行对之。

试对：

用五行中的'金'对五行中的'木'

上联：镇有真金，其钵本金大值（书海）
下联：椅为奇木，此村寸木难寻（作者不详）

其二百一十三：遗联‘千里重山出日月，分明阴阳两色’

千里重山出日月，分明阴阳两色。

出处：见于互联网。

分析：千里重山，日月升落，日灿月朦，亮度有别。日为阳，月为阴。此联用词古味甚浓。典型之拆合字联。‘千里’合成‘重’；‘重山’即两山相叠，合成‘出’字。声调平仄排列为：平仄平平仄仄仄，平平平平仄仄。其声调平仄不符对联之规范，属于殊异联。末字仄声，为上联，征下联。

以‘水’对‘山’最适。

试对：

用‘亘水’对‘重山’；‘海天’对‘日月’；‘声’对‘色’

上联：千里重山出日月，分明阴阳两色（作者不详）
下联：一旦亘水淼海天，轰然昼夜同声（书海）

其二百一十四：当代网络征联‘女子卖一瓷，好买十次瓦’

女子卖一瓷，好买十次瓦。

出处：见于互联网。

分析：女子卖掉了一个瓷器所得的钱，可以买十次的瓦。意为瓷贵瓦贱，以一抵十，价不相当。该联是一个拆合字联，‘瓷’拆解为‘次’和‘瓦’；‘女’和‘子’合为‘好’字。其声调平仄为：仄仄仄仄平，仄仄仄仄仄。其声调平仄不符对联的规范，属于殊异联。末字仄声，为上联。征下联。

试对：

用‘男生’对‘女子’；‘種’对‘瓷’。考虑到‘男生’合成的‘甥’字与‘女子’合成的‘好’字词性不对。使用对偶上的借对手法对之。

上联：女子卖一瓷，好买十次瓦（作者不详）
下联：男生撒把種，生回千里禾（书海）

注：‘生’与‘甥’谐音。借‘生’对‘好’

其二百一十五：当代网络征联‘孔子过山丘望岳’

孔子过山丘望岳。

出处：见于互联网。

分析：孔子经过山丘时望着远方的峰岳。孔子，又名丘。这个‘丘’字巧妙地镶嵌在联句的第五个字，对句时须注意。‘山’与‘丘’合成‘岳’。故，此联是个拆合字联。其平仄排列为：仄仄仄平平仄仄。第三字当‘平’未‘平’平仄声调在诗律上犯有‘孤平’声病。末字仄声，为上联。征下联。

试对：

找历史上的人物相对。

（1）

用‘水’对‘山’

上联：孔子过山丘望岳（作者不详）
下联：李公寻水聿迷津（书海）

注：李聿，是后唐皇帝毅祖李嗣源的高祖父。

公元 926 年，李嗣源登位後，他被尊為皇帝，庙号後唐惠祖，谥号孝恭皇帝，皇陵稱遂陵。

（2）

用‘关羽’对‘孔丘’

上联：孔子过山丘望岳（作者不详）

下联：关公叹军羽成翚（书海）

其二百一十六：当代网络征联 '奇木大可成椅'

奇木大可成椅。

出处：见于互联网。

分析：奇木大有可能制成椅子。'奇木'合成'椅'。这是一个拆合字联。平仄排列为：平仄仄仄平仄。其声调平仄不符对联的规范。末字仄声，为上联。征下联。

试对：

用形容词'难'对形容词'奇'

上联：奇木大可成椅（作者不详）
下联：难人又佳拜傩（书海）

注：佳，读阳平 wei. 唯有之意。

另附宽对；

上联：奇木大可成椅（作者不详）
下联：金童立里闻鐘（书海）

其二百一十七：当代网络征联‘朽木若遇巧工，此木大可为椅’

朽木若遇巧工，此木大可为椅。

出处：见于互联网。

分析：哪怕是一段腐朽的木头，如果遇到能工巧匠，也能制作成一张椅子。这是一个拆合字联，‘木’‘大’‘可’三个字合成一个‘椅’字。其声调平仄为：仄仄仄仄仄平，仄仄仄仄平仄。不符对联的声律规范，谓其殊异联。末字仄声，为上联。征下联。

遇到‘木’字，可以从五行‘木、火、土、金、水’中找能相对应的字。

试对：

以‘金’对‘水’

上联：朽木若遇巧工，此木大可为椅（作者不详）
下联：真金倘落癫者，斯金又瞿成鏷（书海）

注：瞿读仄声 ju. 惊恐、恐惧之意。鏷，读阳平 qu. 古代戟类或戈类兵器。

其二百一十八：当代网络征联‘千里重山，山山育出森林木’

千里重山，山山育出森林木。

出处：见于互联网。

分析：联意平白。这是一个拆合字联。‘千里’合成‘重’；‘山山’合成‘出’。‘森林木’皆含木字。其声调平仄为：平仄平平，平平仄仄平平仄。声韵符合对联的规范。末字仄声，为上联。征下联。

试对：

以‘金’对‘木’；以‘火’对‘山’

上联：千里重山，山山育出森林木（作者不详）
下联：一旦亘火，火火竞炎鑫铨金（书海）

另附宽对：

上联：千里重山，山山育出森林木（作者不详）
下联：一人大火，火火竞炎鑫铨金（书海）

其二百一十九：当代网络征联；‘老牛卧雪思春草’

老牛卧雪思春草。

出处：见于互联网。

分析：一只老牛，它卧在纷飞的雪中，它的脑子里想像着春天来临，地上长满青青的嫩草。联意很有趣，含义很多。其声调平仄为：仄平仄仄平平仄。符合对联的声律规范。末字仄声，为上联。征下联。

试对：

用‘燕’对‘牛’；‘霜’对‘雪’

上联：老牛卧雪思春草（作者不详）
下联：旧燕披霜盼暖巢（书海）

其二百二十：当代网络征联‘上联联下，下联联上’

上联联下，下联联上。

出处：见于互联网。

分析：这是讲对联。上联联着下联。下联联着上联，具有相互关联的意思。平仄排列为：仄平平仄，仄平平仄。其声调，特别是分句句脚与联句句脚重调。不符对联声律的规定。末字仄声，为上联。征下联。

此联中，两个‘联’字，一当名词，一当动词。

试对：

上联：上联联下，下联联上（作者不详）
下联：前书书古，古书书前（书海）

其二百二十一：当代网络征联'鸟鸣枝上惊春梦'

鸟鸣枝上惊春梦。

出处：见于互联网。

分析：鸟儿在枝头鸣叫，惊醒了春日的梦境。这'春梦'也可以理解为'怀春'的梦想。诗情画境，

联意含蓄柔美，不啻一个好联。平仄排列为：仄平平仄平平仄。其声调平仄符合对联的规范。末字

仄声，为上联。征下联。

此联'鸟'与'鸣'都有鸟字旁。这使得该联有了一点小巧妙。

试对：

用'马'对'鸟'

上联：鸟鸣枝上惊春梦（作者不详）
下联：马骋山中破晓风（书海）

还可以有很多可对之句，恕不一一列举。

其二百二十二：当代网络征联'山夕岁月女子好'

山夕岁月女子好。

出处：见于互联网。

分析：山中傍晚，岁月悠闲，女子静好。这是用简体汉字的拆解组合创作的联句。繁体字的'崴'字不由'山'与
'夕'组成。

联句的平仄排布为：平仄仄仄仄仄仄。其声调平仄不符对联的规定，属于殊异联。末字仄声，为上联。征下联。

试对：

用'水'对'山'；'圭人'对'女子'

上联：山夕岁月女子好（作者不详）
下联：水间涧谷圭人佳（书海）

注：圭人，静美者统称。

其二百二十三：当代网络征联‘好山一窗画’

好山一窗画。

出处：见于互联网。

分析：从窗户望出去，美丽群山就像一幅幅画。意境优美。只遗憾其声调平仄未符对联的规定。联句中第四字应仄却平。标准的声调平仄规律应为：平平平仄仄。或，平平仄仄平。

该联末字仄声，为上联。征下联。

试对：

以‘水’对‘山’

上联：好山一窗画（作者不详）
下联：静水满池星（书海）

此联可对 N 多。恕不一一列举。

其二百二十四：当代网络征联 '天增岁月人增寿，寿比南山'

天增岁月人增寿，寿比南山

出处：见于互联网。

分析：这个联是由一个春联和一个贺寿联各取一单句拼凑而成。春联曰：

上联：天增岁月人增寿
下联：春满乾坤福满门

贺寿联曰：

上联：福如东海
下联：寿比南山

因引用标准对联，故新拼凑的联句的声调平仄完全符合对联的规范。而且联句的上句句脚与下句的句首顶针，成了一个有趣的新下联。

试对：

将原春联稍作更改。对之。

上联：春满乾坤家满才，才倾北海（书海）
下联：天增岁月人增寿，寿比南山（作者不详）

其二百二十五：当代网络征联'好女子生好子女'

好女子生好子女。

出处：见于互联网。

分析：善良美好的女子生育了乖巧聪明的子女。

此联是拆合字联。'好'字拆解为'子'和'女'。其声调平仄为：仄仄仄平仄仄仄。不符对联的规范。属于殊异联。末字仄声，为上联。征下联。

试对：

用'公人'对'子女'

上联：好女子生好子女（作者不详）
下联：伀人公惉伀公人（书海）

注：读作 zong 阴平声。恐惧之意。

其二百二十六：当代网络征联'柳吻湖心空钓月'

柳吻湖心空钓月。

出处：见于互联网。

分析：柳丝吻向湖心，但想钓月的愿望落空。这个联句用拟人手法创作，很有诗情画意。其声调平仄为：仄仄平平平仄仄。符合对联的声调平仄之规范。末字仄声。为上联。征下联。

试对：

用'雨'对'柳'；'星'对'月'；'水面'对'湖心'

上联：柳吻湖心空钓月（作者不详）
下联：雨垂水面徒捞星（书海）

其二百二十七：当代网络征联‘绝对奇联奇对绝’

绝对奇联奇对绝。

出处：见于互联网。

分析：绝对，即无法对出的联句；奇联，即奇特奇趣之联。绝对与奇联都是嗜好对联者乐于挑战的对象。

该联为回文联。正反读同音同意，一模一样。其平仄排列为：仄仄平平平仄仄。声调平仄符合对联之规范。末字仄声。为上联。征下联。

试对：

用‘书’对‘对’；‘画’对‘联’

上联：绝对奇联奇对绝（作者不详）
下联：新书巧画巧书新（书海）

其二百二十八：学生之创作联‘背靠靠背椅，椅为奇木椅’

背靠靠背椅，椅为奇木椅。

出处：学对联的学生 YUYANG（音译：雨阳）之作业联。

分析：这是作者教导的学生雨阳的练习创作联。此联运用字句顶针之法创作，饶有趣味。该联既是字句顶针格、又是拆合字格式联。其平仄排列为：仄仄仄仄仄，仄平平仄仄。平仄声调不符对联之规范，属于殊异联。末字仄声，为上联。求下联。

试对：

用人‘面’对人‘背’

上联：背靠靠背椅，椅为奇木椅（雨阳）
下联：面对对面傩，傩即难人傩（书海）

其二百二十九：当代网络征联 '雨润姑苏，古城如妙龄少女'

雨润姑苏，古城如妙龄少女。

出处：见于互联网。

分析：姑苏古城，在春雨的滋润下，好像一个娇美之妙龄少女。好一幅春雨江南的景色图。

是联为拆合字联。'姑'拆分为'女'与'古'；'妙'拆分为'少'与'女'。声调平仄为：仄仄平平，仄平平仄平仄仄。不符对联之规范，属于殊异联。末字仄声。为上联。征下联。

此联有一些要求：上联句的下分句的首字'古'与尾字'女'合成联句上分句的第三字'姑'字。

用什么地方的景物才能对得上杏花春雨的江南景物呢？用塞北旷远的峻岭奇山吧！西藏的仲巴、仲达两地皆可以对。

试对：

用'青人'对'少女'

上联：雨润姑苏，古城如妙龄少女（作者不详）
下联：风清仲达，中衢胜倩影青人（书海）

注：仲达，西藏地名；青人，当青春俊人解。

其二百三十：当代网络征联 '好说，难说，好难说'

好说，难说，好难说。

出处：见于互联网。

分析：这是一个用日常口语创作的联句。一些事好说出口；一些事难以启齿；一些事说出更难。此联用写实的手法把生活中现象重现在眼前。

该联的声调平仄为：仄仄，平仄，仄平仄。声调平仄不符对联的规范，属于殊异联。末字仄声，为上联。征下联。

成语曰：'言行举止'。'言'对'行'较为妥当。

试对：

以'行'对'说'

上联：好说，难说，好难说（作者不详）
下联：可行，不行，可不行（书海）

注：说，按平水韵属仄声。

其二百三十一：当代景区征联‘观音山上观山水’

观音山上观山水。

出处：据新闻报道

2019 年 11 月 7 日由广东楹联学会与广东观音山国家森林公园共同推出奖金 70 万人民币征集"观音山上观山水"最佳下联活动。征联活动面向全球。历时近 14 个月，征联活动于 2020 年 12 月 31 日 24：00 截稿，共收到稿件为:161713 句。经由对联专家组成的评委会慎重甄选，最终评选出 15 句较为优秀的下联，遗憾的是，未能评出"最佳下联"。

优秀下联如下：

（1）摩诘画前摩画图（王运才）

（2）织女画前罗画图（欧阳绍华）

（3）罗汉画前罗画图（刘伟）

（4）护法殿前护殿堂（王金泽）

（5）织女画中织画图（温卫国）

（6）摩诘画中摩画诗（唐宇峰）

（7）罗汉画中罗画图（李子民）

（8）护法寺前护寺林（刘尧）

（9）护法庙前护庙堂（苗祥）

（10）道子画中道画图（梁济）

（11）护法寺前护寺僧（罗德军）

（12）摩诘画中摩画图（宋志发）

（13）护法殿前护殿庭（陈俊）

（14）欢喜地中欢地天（晁经文）

（15）释祖典中释典经（任效思）

分析：观音山上观山水。观音为菩萨尊名。观音山，深圳一园地名。该联声调平仄为：平平平仄平平仄。其声调平仄犯了诗律上的孤仄声病。末字仄声，为上联。征下联。

试对：

以佛教中的西天世界'安乐国'对'观音山'

上联：观音山上观山水（邹继海）
下联：安乐国中安国家（书海）
又：

用佛教术语'迷色海'对'观音山'

上联：观音山上观山水（邹继海）
下联：迷色海中迷海天（书海）

再：
用佛教术语'出世果'

上联：观音山上观山水（邹继海）
下联：出世果时出果因（书海）

注：出世果：出离世间的果报，亦即不生不灭的涅槃。

其二百三十二：香港电影名作联 '青山依旧夕阳红' 与 '红山依旧夕阳红，红上加红'

（A）
青山依旧夕阳红。

出处：香港电影名。

分析：明代杨慎有词云：青山依旧在，几度夕阳红。这个电影名取其意组成一句诗句，并用其作电影片名。现在又把它作为单联。爱其诗情画意、音韵婉转矣！

是联声调平仄为：平平平仄仄平平。声调犯有孤平。末字平声，为下联。征上联。

试对：

以 '水' 对 '山'

上联：绿水如前秋岭碧（书海）
下联：青山依旧夕阳红（香港电影名）

（B）

红山依旧夕阳红，红上加红。

夕阳照耀红山，红的更加耀眼。（B）联比（A）联多了些巧妙之处。联首、联腰、联脚顶针连接的都是 '红' 字。平仄排列为：平平平仄仄平平，平仄平平。声律平仄符合对联的要求。末字平声，为下联。求上联。

试对：

以 '白' 对 '红'；'秋月' 对 '夕阳'

上联：白水如今秋月白，白中愈白（书海）

下联：红山依旧夕阳红，红上加红（心田耕夫）

其二百三十三：当代网络征联‘一人大火炎毛毯’

一人大火炎毛毯。

出处：见于互联网。

分析：一个人不小心着火，毛毯腾起烈焰。

此联为拆合字联。‘一’与‘人’组成‘大’字；‘炎’与‘毛’组成‘毯’。其声调平仄排列为：仄平仄仄平平仄。符合对联的规范。末字仄声，为上联。征下联。

试对：

以‘山’对‘火’；‘柮’对‘毯’

上联：一人大火炎毛毯（作者不详）
下联：千里重山出木柮（书海）

注：柮，读阳平声 zuó ㄗㄨㄛˊ

◎ 〔～枂〕柱端木。

其二百三十四：名胜古迹遗联'蜡烛峰，峰上生枫，蜂筑巢，风吹枫叶闭蜂门'

蜡烛峰，峰上生枫，蜂筑巢，风吹枫叶闭蜂门。

出处：该联镌刻在江西省瑞金市罗汉岩风景区蜡烛峰的崖壁上。

相传，这是明代理学家邹元标题崖之联。

饱学鸿儒邹元标春游至罗汉岩，被奇特俊伟的蜡烛峰深深吸引。他见蜡烛峰上耸立着一棵参天枫树，枫树上有一个硕大的蜂巢，蜜蜂进进出出，清风吹拂，阔大的枫叶挡住了蜜蜂进出的路口。触景生情，他灵感忽闪，创作了此单联。

分析：蜡烛峰上生长着枫树，蜜蜂在风树上筑巢，风吹枫叶封闭了蜂巢的门。

'峰''枫''蜂''风'同韵母。这点须注意。这也是此联的巧妙之处。

此联的平仄为：仄仄平，平仄平平，平仄平，平平平仄仄平平。其声调平仄符合对联的规定。末字平声，为下联。征上联。

试对：

以'麟'对'蜂'；'霖'对'风'；'檁'对'枫'；'廪'对'峰'

上联：稻粱廪，廪中修檁，麟藏角，霖沐檁条湿麟户（书海）

下联：蜡烛峰，峰上生枫，蜂筑巢，风吹枫叶闭蜂门（明代邹元标）

其二百三十五：当代版八岁童奇联考老师'乐高高乐''乐高高乐乐高高'与'秋千荡了荡千秋'等

A：
乐高高乐

这是出生在美国的华裔儿童 YUYANG（音译：雨阳）同学出的考老师的对联之一。

雨阳是学中文的学生当中悟性最好的一位。虽然才八岁，学中文已经五年多了。儿童记性好，格言警句好文美诗朗朗上口。除熟背唐诗外，对中文的各种文体均有浓烈的兴趣。当学到回文联句时，更是引发非凡的热爱。在理解了回文体的格式与巧妙后，他小荷露角新笋破土，欲与'天公试比高'了。老师讲完课作业刚布置完，其他学生尚未进入思考，他就蹦出一个回文单联：'乐高高乐'。

问他，'乐高'好理解，是指玩具乐高（英文：lego）。但'高乐'怎么解释？答曰："得到新的乐玩具'又高兴又快乐'"。哈哈哈，老师哑然失笑。原来'高乐'这两个字被连在一块使用还可以做如此简明扼要的顾名思义啊！新一代的海外华人孩子对汉字的理解竟然如此纯真新颖直逼字词本义。为了不削减学生的创造性，老师当场给与肯定："OK！很好！"

"老师，'乐高高乐'怎么对下联？"

老师一怔，'乐高玩具应该对什么才好呢？！'一时想不出，便道："让老师想一会儿"

想了一会，老师还是想不出用什么来对'乐高'，便使用无情对的对法，先给对上。

上联：乐高高乐（学生）
下联：香辣辣香（老师）

注：香辣是一食品品牌。

"那么，老师，如果是'乐高高乐乐高高'呢？怎么对？"学生脑袋确实转得快。老师有点招架不住了。

B：
乐高高乐乐高高

'乐高高乐'这个回文体联加上'乐高高'已经不是回文体了。老师告诉学生这样已经离题。但既然同意并肯定了'高乐'这个词的创新性。也不能不把这个联当成一个普通的联句看待。'高乐'能解释的通。'乐高高'当然也解释的通。
老师说他还是用无情对的对法来应对这个加长联。

上联：香辣辣香香辣辣（老师）
下联：乐高高乐乐高高（学生）

"谢谢老师！老师，我又想出了一个回文联"

"哦？请讲。"

"秋千荡了荡千秋"儿童的创作思路总离不开他生活环境里的东西。

"秋千荡了荡千秋？秋千，千秋……这个不错，不错"老师兴奋了起来。

但老师很快发现，这个单联不但好，还难对。秋千是一种玩耍的道具，是个专用名词。而'千秋'则是一个偏正词组，是一个时间性的数量词。毋庸讳言，老师搜肠刮肚绞尽脑汁也无法对出，只好说带回家慢慢思考，等对出来后再告诉他。

一个礼拜后，师生重逢课堂。老师告诉学生，'秋千荡了荡千秋'还是无法对好。同样只是先作无情对：

上联：夏半收了收半夏（老师）
下联：秋千荡了荡千秋（学生）

注：夏半指夏半年。半夏非指时间上的半个夏天，而是指中药半夏。

老师把联意解释了后，又告诉学生把联中'了'去掉，联句成为'秋千荡荡千秋'或'秋千荡千秋'，联句将更显得美。
这样：
上联：夏半收收半夏（老师）
下联：秋千荡荡千秋（学生）

上联：夏半收半夏（老师）
下联：秋千荡千秋（学生）

学生点点头，表示领会。然后接着道："老师，'美国国美'这个回文联可以吗？"

"'美国国美'是回文联没错。但它的平仄排列是仄仄仄仄。不合声调格律。最好改为'美国长长国美'，中间插入两个平声字，这样就成为合格的回文联，声韵不违反规范"

"老师，我还作了一个回文联送给我妈妈。"

"哦！那很好啊！你妈妈一定会很高兴的。什么内容呢？能告诉老师吗？"

"'妈妈爱我，我爱妈妈'"学生用他清脆的童声郎朗说道。

老师突然被感动了。他摸了摸学生的头，道："这个最好！这个是最好的回文联！"

附录一：作者自撰之完整联

（一）
上联：**近君子，不近伪君子**
下联：**离小人，更离真小人**

（二）

上联：　人品高山之仰

下联：文章大海所涵

（三）

上联：诗文隽秀

下联：笔墨永嘉

（四）

上联：日暝云息影

下联：船远水消痕

（五）
上联：开窗见海，海天海日海风海浪
下联：居室傍山，山谷山峰山雨山岚

（又）
上联：开窗见海，海天海日海风海浪
下联：出户皆花，花树花田花雨花潮

（六）
海边终日风不断，断无污染
　山里历年雨尤常，常俱清新
（七）

上联：　爱时品爱：久分思累，不分活累。

下联：愁际说愁：多喝身伤，少喝心伤。

（八）
上联：难得糊涂，烦恼拒之千里。
下联：常行慈善，安康来自三生。

（九）

为一摇唇鼓舌搬弄是非之长舌妇撰一联

上联:咎口处，刀口召，女口何如，真心为慎！

下联：忿心分，奴心怒，自心太息，差口长嗟！

（十）

读某报刊后撰一联

A
上联:大有问题，是页！
下联;最无章斐，非文！

B
上联：　大有问题，是页！
下联：不堪卒读，卖言！

（十一）

上联：今心岂言无念？
下联：其月后会有期！

（十二）

咏李煜
上联：词比珠玑难治国！
下联：政颓声色安为皇？

（十三）

咏老子
上联：德仁善事
下联：文理兴邦

（十四）

上联：权凌驾法，钱左右法，公道何在？粉饰太平，睁眼瞎话，报刊上太多无良记者，学者。

下联：　政忽悠民，官脱离民，公平已失！强制和谐，胡作非为，生活中不少有恃富人，恶人

横批：如今世道

（十五）

闻三沙建市

上联：古代近代当代，历代几千秋，领土版图明世界

下联：中沙西沙南沙，三沙统一市，军防民政固中华

（十六）
牛年春联：

上联：鼠心鼠辈鼠风扫地
下联：牛志牛人牛气冲天

横批：遁鼠奔牛

（十七）
题观音泉石像

上联：泉音诉甚？
下联：石像等谁？

（十八）

上联：真善美在黑暗中窒息！

下联：假丑恶于光天下横行！

横批：暗无天日

（十九）

唐玄宗梦杨玉环

本计划写一篇关于唐玄宗'江山与美人'话题的文章，未料惰性泛起，烦于码字，懒于动笔。便用简简洁洁一个联句代替洋洋洒洒数千言。联曰：

上联：香魂缭绕八千日（猜一个字）
下联：玉貌萦怀一点王（猜一个字）

上述对联猜一个古代名女子。谜底：香玉。

注：八千，意多时。一点，喻唐玄宗在江山与美人的选择上，选择了江山。从这一点看出，枕边人，心头肉，千日恩，都不及自己的王位与江山来得重要。

（二十）

金奖喜讯

又接喜报，小作七律《羁旅关岛怀祖国》写就的书法条幅获得第三届炎黄杯国际诗书画印艺术大赛最高奖项-----金奖。据悉，此次大赛，国内外参赛书法家画家诗人共一万六千八百八十位激烈鏖战……接到消息时，寻常心情亦起波澜，顺口吟成两联以自贺：
　（1）
上联：高兴，高兴，真高兴！
下联：加油，加油，再加油！

　（2）
上联：顽童上树，屡收硕果
下联：老子下山，略显小才

（二十一）

题关帝庙四副：
（1）

上联：生为人杰　　桃园结义千秋颂
下联：死亦鬼雄　　玉殿封神万户迎

（2）

上联：铁胆忠心　　　挥刀跃马惊天地
下联：铜颜美髯　　　英气雄威压鬼神

（3）

上联：侠义忠肠　　正气冲天
下联：英雄铁汉　　柔情似海

（4）

上联：请缨出阵名初显
下联：告捷回营酒尚温

注："温酒斩华雄"是中国四大名著之一《三国演义》中一个经典情节。东汉末年，天下大乱。枭雄曹操假托皇帝诏书，挟天子以令诸侯，召集天下各路英雄围攻董卓。兵临城下时，却被董卓手下的一员名曰华雄的大将连斩三个将领。华雄有万夫不当之勇。正当大家愁眉不展之际，一位无名的马弓手主动请缨。上阵之前，曹操为他热了一杯壮胆酒，此人却说："酒且斟下，吾去便来"不一会，此人便提着华雄的头颅回营。举杯饮下刚才曹操为他温热的酒，这时候的酒还是温热的。此人便是关羽。这个故事，就是著名的"温酒斩华雄"

（二十二）

题龙泉观冠名联

　　（1）

上联：龙翔广宇　　历代图腾飘逸态
下联：泉涌名山　　千秋明镜圣贤心

（2）

上联：龙声入梦　　神州奋起

下联：泉韵怡心　　黎庶和谐

（二十三）

题三清观一幅

上联：悟透人生同活佛
下联：洞穿世事即高贤

（二十四）

题后土庙一幅

上联：能应所求　　络绎善男信女
下联：以慈而待　　虔诚灵性尘心

（二十五）

题吕祖阁两幅

（1）

上联：善行恶止　　堪净三生业
下联：灵显法施　　能澄四海尘

（2）

上联：名驰远近　长弥香火
下联：灵显古今　永罩佛光

　　注：吕祖，即吕洞宾，唐朝（约 798 年至 880 年）时人，名喦（或作岩），字洞宾，道号纯阳子，自称回道人，河东蒲州河中府（今山西芮城永乐镇）人，道教主流全真派祖师，八仙之一。

　　吕洞宾原为儒生，40 岁遇郑火龙真人传剑术，64 岁遇汉钟离传丹法，道成之后，普度众生，被尊为剑祖剑仙。据《全真诠绎》记载，他于北宋期间应八仙之首铁拐李邀在著名仙苑石笋山聚会时列入八仙之列。道教全真派北派（王重阳真人的全真教）、南派（张紫阳真人）、东派（陆潜虚）、西派（李涵虚），隐于民间的道门教外别传，皆自谓源于吕祖。世间有很多关于他的事迹的传说。

（二十六）

题马王庙一幅

上联：骏马无迷　　征遍风尘路
下联：高王有德　　泽被天下人

（二十七）

题文庙一幅

上联：文明被沉睡　　礼义廉耻须重新唤起
下联：历史遭雾霾　　奸恶诚善应再次品评

（二十八）

题岳庙两幅

　　（1）

上联：北上抗金　得胜何如不胜
下联：背中刺字　精忠岂是愚忠

　　（2）

上联：世无忠烈　　何堪黎庶生涂炭
下联：国有奸臣　　长使英雄泪满襟

　　注：据史记，南宋抗金英雄岳飞（1103 年 3 月 24 日～1142 年 1 月 27 日），字鹏举，相州汤阴（今河南省汤阴县）人。南宋时期著名的军事家、书法家、诗人，是南宋"中兴四将"之首。

　　岳飞从二十岁起，先后四次从军。自建炎二年（1128 年）遇宗泽至绍兴十一年（1141 年）止，先后指挥大小战斗数百次。金军侵入时，岳飞力主抗金，收复建康。绍兴四年（1134 年），收复襄阳六郡。绍兴六年（1136 年），率师北伐，顺利攻取商州、虢州等地。绍兴十年（1140 年），完颜宗弼毁盟攻宋，岳飞挥师北伐，各地义军纷纷响应，夹击金军。岳家军先后收复郑州、洛阳等地，在郾城、大败金军，颍昌进军朱仙镇。宋高宗赵构和宰相秦桧却一意求和，以十二道"金字诏令牌"催令岳飞班师。在宋金议和过程中，岳飞遭受秦桧、张俊等人诬陷入狱。1142 年 1 月，以莫须有的罪名，与长子岳云、部将张宪一同遇害。宋孝宗时，平反昭雪，改葬于西湖畔栖霞岭，追谥武穆，后又追谥忠武，封鄂王。

　　岳飞重视人民抗金力量，缔造了"连结河朔"之盟，主张黄河以北的民间抗金义军和宋军互相配合，以收复失地；治军赏罚分明，纪律严格，又能体恤部属，以身作则，率领的"岳家军"号称"冻死不拆屋，饿死不打掳"。金军有"撼山易，撼岳家军难"的评语，以示对岳家军的由衷敬佩。

　　岳飞的文才同样卓越，其代表词作《满江红》　　　是千古传诵的爱国名篇，后人辑有文集传世。

（二十九）

题土神庙一幅
上联：求来拜去　　贫者何时拥土地
下联：自古至今　　良田怎堪变荒城

（三十）

题八腊祠一幅

上联：史上留名　叹尘间过客
下联：堂中列位　皆厚德先贤

（三十一）

题城隍庙三副

（1）

上联：朕封你为神　　须诸事担当　　治安岂可赖城管
下联：谁让民不安　　应酌情惩罚　　维稳并非不和谐

（2）

上联：善恶有分　　心室自明
下联：爱憎无界　　情涛须抑

（3）

上联：今日行　明日果　　得果无须讶
下联：前世修　此世福　　有福自然来

题介子庙联

上联：得失应淡然　　心中自无挂碍
下联：言行须谨慎　　头上总有神明

（三十二）

应邀题大厦联

上联：门迎中外自然财福
下联：室纳古今文化精华

（三十三）

题介子庙两幅

　　介子事迹：介子，即介子推（？—公元前636年），又名介推，世人尊称介子，春秋时期晋国人，因"割股救君"，隐居"不享禄"之高举，铭记史书。死后葬于介休绵山。晋文公重耳因为愧疚，将绵山改名介山，并立庙祭祀，择日禁止烟火炊事，全国冷食一日。由此产生了"寒食节"，即清明节前一天，历代诗文人留有大量缅怀诗篇。

　　历史上记载介子推的出身之事极少。春秋时期，晋国发生内乱，晋献公宠妃骊姬，欲废掉太子申生，改立骊姬之子奚齐为太子，于是引发内乱。

　　太子申生被骊姬陷害致死；公子夷吾和重耳畏惧逃亡，重耳避难出逃时，随行贤士主要有五人，即：狐偃、赵衰、魏犨、司空季子及介子推。介子推随重耳在外逃亡十九年。风餐露宿，饥寒交迫，备尝艰辛困苦。重耳最终能返回晋国，立为晋君，也有一份介子推的功劳。

　　重耳出亡时，先是父亲晋献公追杀，后是兄弟晋惠公追杀，经常食不果腹、衣不蔽体。据《韩诗外传》，有一次逃到卫国，一个叫作头须（也有说是里凫须）的随从偷光了重耳的资粮后逃离。重耳饥饿难忍，当他向田夫乞讨，不但没要到饭，反被农夫们用土块当成饭戏谑了一番。后来重耳饿晕过去，为了让重耳活命，介子推到偏僻处，把腿上的肉割了一块，与野菜同煮熬汤给重耳吃。当重耳知道是介子推腿上的肉时，大受感动，声称有朝一日做了君王，要好好报答介子推。在重耳落难之时，介子推是如此肝脑涂地，忠心耿耿。

　　结束十九年的逃亡生涯，重耳回国成了晋文公，时值周室内乱，重耳帅兵平乱，封赏有功者时，没有提到"介子推"。对此，介子推没有像壶叔那样，主动请赏。介子说，晋文公返国，实为天意。认为忠君的行为发乎自然，没必要得到奖赏，并以接受奖赏为耻辱，介子推丝毫没有对晋文公抱有怨恨，没有对功名利禄的艳羡。有的却是对狐偃、壶叔等追逐荣华富贵的鄙夷。有些并未跟随晋文公逃亡的人为了贪小便宜便阿谀奉承，介子推因此很气愤，进而隐居绵山，成了一名隐士。

　　介子推不意受赏，曾赋诗一首，"有龙于飞，周遍天下。五蛇从之，为之丞辅。龙反其乡，得其处所。四蛇从之，得其露雨。一蛇羞之，死于中野。"邻居解张为子推不平，夜里将此诗挂到城门上。

　　晋文公看到这首诗后，对自己的忘恩负义后悔不已，立即派人召介子推受封，才知道他已隐入绵山。晋文公便亲带广众人马前往绵山寻访。但那绵山蜿蜒连绵，重峦叠嶂，山高林密，如何寻得。晋文公求人心切，听信谗言，下令三面烧山，以迫介子推下山。大火烧了三天，连介子推的影子也没见着。介子推终究没有出来。

　　后来有人在一棵枯柳树下发现了介子推母子的尸骨，晋文公悲痛万分，在介子推的尸体前哭拜，然后欲安葬遗体。发现介子推脊梁堵着一个树洞，洞里似乎藏有东西。掏出一看，是片衣襟，衣襟上面题了一首血诗："割肉奉君尽丹心，但愿主公常清明。柳下作鬼终不悔，强似伴君作谏臣。倘若主公心有我，忆我之时常自省。臣在九泉心无愧，勤政清明复清明。"

　　葬毕，晋文公将一段烧焦的柳木，带回宫中命木工制成一双木屐，睹物思人，他每每叹曰："悲哉足下。"此后，"足下"成了人与人之间相互尊敬的称呼，'足下一词'来源于此。

　　公元前 635 年清明节，晋文公率领群臣，素服登山祭奠哀悼。至坟前，见那棵老柳树死而复活，绿枝茂密，随风飘舞。晋文公像看见了介子推一样。他敬重地走到树前，珍宝般地采下一枝戴在王冠上。

（1）

上联：割臀养主　　　人臀岂同禽臀
下联：焚山求贤　　　绵山原是介山

（2）

上联：立身贤德擎天　　　待利禄如尘土
下联：为国脑肝涂地　　　视功名若浮云

（三十四）

以'爱情'冠顶咏一联

上联：爱心世代繁衍隽永
下联：情水千秋流淌奔腾

（三十五）

上联：爱世代方能连绵昌盛
下联：护孕婴始得凝聚真诚

（三十六）

题婴儿游泳馆
上联：宝婴戏水未来游泳健将
下联：新馆呈祥逐日景气舒心

（三十七）

对联日记（2000 年 10 月 1 日）

感到无聊的时候，很有效的一种办法就是拿本诗书读读。这是我多年来独处寂寞时行之有效的驱除无聊的验方。当我的思维沉浸在诗句优美旋律中，我便是世界上最超脱最幸福的人了；或者给自己一个诗题，吟咏推敲，乐在其中。院中花开花落，窗外云卷云舒便不会再惹心烦了。
今晚 不欲多玩，就拿几个几个简单的字做几幅对联，以消磨时光。

（1）上联：将我撇开少再找
　　下联：若他也去多一人

（2）　上联：墨因不黑弃如土
　　　下联：玉纵少点仍是王

（3）上联：　田如有脚即成甲
　　　下联：夫不出头也顶天

（三十八）

自撰拆合字联

（1）

上联：淡因双火长滋水
下联：利是孤禾时伴刀

（2）

上联：自犬臭口嗅
下联：厶牛牟心悴

（三十九）

上联：王未点头谁做主？

下联：夫不藏角岂成天！

（四十）

自撰谜语联：

上联：女何干？要一人二女？（猜两个字的词组）
下联：言必成！须中正孤心！（猜两个字的词组）

谜底：奸佞，忠诚

（四十一）
鸡汤联：

上联：乐是蓝天，容为大海，时时快乐，能够心怀天海

下联：健如初春，福似甘霖，日日健康，如同身沐春霖

（四十二）

自撰联

上联：三更挑水，桶中头上三轮明月

下联：四处登山，峰顶身边四面清风

（四十三）

看新闻报道国际局势有评

上联：兔羊争草，豺狼静候，
下联：鸦雀噪巢，弓箭已张。

（四十四）

自撰除夕之夜联：
上联：月缺月圆，始终共一月
下联：年头年尾，新旧跨两年

（四十五）

《西游记》中孙悟空破妖洞：

上联：定海神针，能短能长能缩能伸

下联：销魂妖洞，可宽可窄可松可紧

（四十六）

考古队探查洞居民族

上联：洞外春秋，洞中仙境
下联：山间天地，山里人生

（四十七）

上联：人生岂总如心意

下联：尘世何常有舜尧

（四十八）

上联：海盈碧浪碧盈海

下联：天缀红霞红缀天

（四十九）

迎接虎年三联：

第一联：瘟风将熄春潮高涨

　　　　　　　牛劲不松虎势新盈

第二联：福盈四海人间皆暖

　　　　　　　虎壮五洲岁月长安

第三联：面临瘟疫，全球已识共同体

　　　　　　　心储虎雄，无处不描幸福图

（五十）

上联：事须务实声声慢

下联：价以吹嘘步步高

（五十一）

上联：二奶全然黑道

下联：八哥唯可红歌

（五十二）

上联：生性蜡、油、水

下联：志心风、马、牛

（五十三）

上联：水车车水月

下联：风扇扇风云

（五十四）

上联：相思子没药

下联：罗汉果当归

注：此联含四个中药名。

（五十五）

上联：炎黄汉嗣生机蓬勃

下联：赤黑党帮气数衰微

（五十六）

应邀作品

上联：一杯品得春山色

下联：半日作陪泉水香

（五十七）

应邀作品

上联：廉政官风返朴

下联：法治社会归谐

（五十八）

上联：宜对青山常注目

下联：每从近水学平心

（五十九）

上联：锦上添花旺

下联：雪中送炭温

（六十）

‘福清’七唱

上联：繁荣家国堪多福

下联：宁静身心始一清

（六十一）

上联：佛言福分多生修得

下联：吾知善良一世便行

（六十二）

上联：雪中送炭少

下联：锦上添花多

（六十三）

上联：心智纯精

下联：行为高尚

（六十四）

上联：红叶青山夕阳古道

下联：白云碧水归雁寒秋

附录二：作者自撰之有奖征对单联（奖励细则附后）

（一）

上联：三人一寺可人何偦

（二）

上联：不見可人何处寛

（三）

上联：自犬臭鼻臭，獃犬岂山豆

（四）

上联：经藏藏经，经藏经藏

（五）

上联：纸夹夹纸，纸夹纸夹

（六）

上联：是页问题多，何人可答

（七）

上联：去生地挖生地，生地变熟地，生地出生地，熟地出熟地

（八）

上联：宋朝抓壮丁，不交子就罚交子

注：交子，宋朝货币名称。

（九）

下联：士无是非无非是不惹是非

（十）

上联：干翻头脚装绅士，士欲翻身成骨干

（十一）

上联：习习春风，水拥蓝天似镜平

（十二）

上联：甲欲翻身有理由

（十三）

上联：各足路中拦子路

（十四）

下联：红包开路开包红，红极一时还是空。

（十五）

上联：命中命中命脉

（十六）

上联：慢吞吞，天口吞心又四日

（十七）

上联：普查人口，晶品吕口

（十八）

上联：夼尖颠倒大与小

（十九）

上联：傀鬼人聚傀人鬼

（二十）

上联：儿斥媳嫌，何人可靠

（二十一）

下联：天行有道，三人行有师，行行才俊诗行行

（二十二）

上联：始大终小事成夼

二十三

上联：日立音儿竟，月小肖人俏

（二十四）

下联：星爸乘星槎泛星河上星桥寻星儿，无星儿星影

（二十五）

下联：忠奸立鉴牛山悲

注：据《晏子春秋》，景公游于牛山悲泣，谄媚阿谀者皆随啼哭，唯晏子独笑。

（二十六）

上联：苦旱逢甘雨，困霖出艳阳

（二十七）

下联：臣又叝土坚金鏗

（二十八）

下联：田土里立童，金童童手撞鐘

（二十九）

上联：真金百验百金真

（三十）

下联：禾火秋心愁水澁

（三十一）

下联：尚土金堂鏜

（三十二）

下联：夺奖夸奇夾夯尖

（三十三）

下联：俊侣偷人佯闪佚

（三十四）

上联：暑中防中暑

（三十五）
咏越王勾践联并求上联
近读史书，有感于越王勾践忍辱负重卧薪尝胆，终得反败为胜报仇复国的故事。

勾践败战，被虏覆国。为铭记屈辱，悬一苦胆，每日尝之。即使得赦回还，亦不忘励志。尝的十年苦胆，终得报仇雪恨，扬眉吐气。

缘此，得一下联：

志士心，忍刃心，尝胆十年，一天一口复吞吴

（三十六）

上联：女昏裸婚，女少为妙，女夸尤姱，妃女已配。

（三十七）
上联：本日游日本富士山八王子新宿名古屋

（三十八）
下联：今心田思念，白水泉边夕夕多。

（三十九）

上联：猫哭老鼠，心非悲，口勿吻

（四十）

上联：女子虽好，少女尤妙，手莫摸，口勿吻

（四十一）

下联：君心怒我，君无心，奴有心

（四十二）

下联：女子好计十言成

（四十三）

下联：听海阁，听海歌，听海阁中听海歌，千古海阁，千古海歌

（四十四）

下联：志忑之心上下浮

（四十五）

下联：咱自口舌甘甜

（四十六）

下联：咱见佳人口自甜

（四十七）

上联：人品任凭人品

（四十八）

上联：人品任人品

（四十九）

上联：品人凭人品

（五十）

上联：木家女十八嫁

（五十一）

上联：毛竹笔筒毛手托

（五十二）

下联：解牛用角刀

（五十三）

下联：笼边鸟怯鸟边笼

（五十四）

上联：屋外云笼云外屋

（五十五）

下联：何所磕头何所求（何所，何所长简称）

（五十六）

上联：夸父时时赞爸爸

（五十七）

上联：头上舌端脚下发梢背后面前左右逢源

（五十八）

鸟舌自称鸹
注：鸹，一种鸟，读 gua 阴平声。

（五十九）

巴竹做篱笆

（六十）

下联：吻不从心口勿张

（六十一）

下联：味色不佳口未张

（六十二）

下联：今口吟哦我口香

（六十三）

下联：吴姨无异巫医

（六十四）

下联：秋千乐趣乐千秋

（六十五）

下联：心上人上心

（六十六）

下联：昏女闪婚门里人

（六十七）

下联：上心容易下心难

（六十八）

上联：心上人儿心上下

（六十九）

下联：门人昏女闪婚

（七十）

上联：人尤优，犬自臭

（七十一）

下联：一点红，四季青

（七十二）

下联：胆囊方解石，心房安息香

（七十三）

下联：天大夫夫人豆蔻丁香百里红

（七十四）

下联：白头翁何首乌

（七十五）

下联：立雪程门求学诚

注：程门立雪是一句成语，出自宋·邵雍《河南程氏外书·侯子雅言》。

这则成语意指学生恭敬求教，比喻尊师重教，诚心求学。

程颢字伯淳，又称明道先生；程颐字正叔，又称伊川先生。他们是北宋理学家和教育学家，为宋明理学的奠基者。

北宋神宗元丰五年（公元 1082 年），为方便著书传道，程颐上书宰相文彦博，希望将洛阳城南十公里处龙门山胜德庵上方寺附近的"荒芜无用之地"，拨给他作为学田，以供著书讲学资用。文彦博满足了程颐的要求，把自己在伊川鸣皋镇一处庄园赠给了他。程颐就在文彦博所赠的庄园上建立了书院，正房五间为讲堂，东西厢房各三间是弟子居住的地方，门厅一间，匾书"伊皋书院"。另有宅地十亩，粮田十顷，以赡生徒。书院兴办后，四方学子，云集程门，"讲易经、授理学"，求教者盈门，"学者出其门最多，渊源所渐，皆为名士"。程颐此后终生在书院著书讲学，他的思想体系和著述及其传道活动大多是在伊皋书院完成，故被称为"伊川先生"。程颐所传之道，就是对后世产生深刻影响的"洛学"，它对宋代理学思想体系的建立起了奠基作用，具有开创之功。

程颐与哥哥程颢同为理学大家，人称"二程"。两兄弟的直传弟子很多，较有名的有八十余人，大多有史可查，其中吕大临、杨时、谢良佐、游酢被称为"程门四先生"。

有一天，杨时和游酢前来拜见程颐，在窗外看到老师在屋里打坐。他俩不忍心惊扰老师，就静静地站在门外等他醒来。可天上却下起了鹅毛大雪，并且越下越大，杨时和游酢仍一直站在雪中。等程颐醒来后，门外的积雪已有一尺厚了。这时，杨时和游酢才踏着一尺深的积雪走进去。后来杨时成为天下闻名的大学者，这件事也被作为尊师重道的范例，传为学界佳话，"程门立雪"成语由此而来。

　　宋室南迁后，文化中心也随之南移，二程的弟子将洛学流传推广到南方。其中对正宗洛学南传起重要作用的就是杨时。

　　南宋理学家朱熹是二程的四传弟子，他以二程学说为本，兼取诸家之长，最终集理学之大成，完成了对旧儒学的改造。自二程到朱熹经过众多弟子的传播和发挥，终于形成了一套系统的新儒学思想体系，被称为"程朱理学"。

（七十六）

上联：愁秋心，千里重山出满月

（七十七）

上联：林火焚房方立户

（七十八）

下联：三日人春思，心田上下怎安心

（七十九）

下联：一心造业恶无边

（八十）

上联：主人住户方房事

（八十一）

下联；哥欠歌星生日歌

（八十二）

上联：句多够伐

（八十三）

上联：兄弟对床听夜雨

（八十四）

下联：心咸感悟吾心亮

（八十五）

下联：弱水溺人情海深

（八十六）

上联：一川卅载八千日（或，一川卅载香。香拆解为'八千日'）

（八十七）

下联;一犁雨，三径花

（八十八）

上联：丁宁不织丁香结

（八十九）

下联：千里雁，九秋蓬

（九十）

下联：江流千里万斛愁

（九十一）

下联：分明日月潭

（九十二）

下联：胭脂雨，杨柳风

（九十三）

下联：相思子折合欢枝

（九十四）

上联：让小人小人，使君子君子

（九十五）

上联：知母相思子

（九十六）

上联：掇拾两双手

（九十七）

上联：萁豆相煎，弟兄互敌

（九十八）

下联：一饭漂母心

（九十九）

下联：八哥学舌八斗才

（一百）

下联：一壶千日醉刘伶

注：《搜神记》载：刘伶，又名玄石，喜欢喝酒。一次他到当地酿酒名人狄希家求酒。狄希说："我的酒还没酿好呢！"刘伶说："就算还没酿好，给我一杯解馋，不行吗？"狄希听他这么说，便给他一杯酒浆喝了。一杯喝完，刘伶又想要，狄希说："不行！三年后再来。就是这一杯，可以让你睡千日了。"刘伶告辞，到家以后，醉得像死了一样。家人真的以为刘伶喝酒喝死了，便把他给埋葬了。将近三年了，狄希说："刘伶肯定酒醒了，应该去问问看。"于是到刘伶家，说："玄石在家吗？"家人

都觉得奇怪，说道："玄石已经死了快三年了。"狄希惊讶道："死了？不会的。我的酒酱可以让人睡千日，不是死去，是睡着了。现在应该醒了。"于是让他的家人凿开坟墓。坟墓四周顿时酒气冲天，开棺见刘伶睁开眼睛说到："我醉了吗？"在场的人都笑了。那时刘伶喷出的酒气冲入人的鼻子里，人人都昏睡百日。

（一百零一）

上联：江阴道上山阳笛

注：唐，司空曙诗曰：金谷筝中传不似，山阳笛里写难成。

（一百零二）

上联：人间不复广陵散

注：据《世说新语。雅量》载，《广陵散》创作者嵇中散未将此曲传人，临死前后悔曰："《广陵散》于今绝矣"

（一百零三）

三冬学透五车书

注：据《汉书》，东方朔曰："臣朔少失父母，长养于兄嫂，年十三方学书，三冬文史足用"

时人有诗曰："自愧三冬学，来窥数仞墙"

（一百零四）

下联：寒窗十载五车书

（一百零五）

下联：情深伤饮文君酒

（一百零六）

下联：乌头马角许归乡

注：燕国太子丹在秦国充当人质。秦王薄待，太子丹求归。秦王曰："除非乌鸦白头马生角才可回去"。太子丹仰天长叹，乌鸦即白头，马头即长角。秦王不得不答应放归。

（一百零七）

下联：江淹还笔竭诗才

（一百零八）

下联：知音何处？高山流水韵依依

注：知音的典故

春秋时期，晋国的上大夫俞伯牙善于作曲弹琴。一次旅途，泊舟烟渚。正值薄暮时分，飞鸟相与返。俞伯牙旅愁顿生，遂操琴遣兴。一曲未了，琴弦忽然崩断。古人言：'有识音者偷听，弦必断'伯牙心想，在这荒山野水之处，有谁懂得音律呢？抬头一看，忽见岸边一个山人正肩挑一担柴火注视着他呢！

俞伯牙连忙起身拱手行礼："在下俞伯牙，回家省亲路过此处，因旅愁而操琴遣兴，不意惊扰了贵驾。"山人放下柴担，还礼道："在下钟子期，本地樵夫，因听见先生琴音清越不俗，故驻足倾听，无意打断先生雅兴，失礼失礼！""哦?贵驾懂得音律？""非也！鄙人村野山人，从小失学，放牛砍柴，只是听惯了山间泉声鸟音，知道一些自然音律，岂敢承受谬赞？"

俞伯牙大喜，遂重操焦尾琴，亢亢铿铿，一曲刚停，樵夫赞曰："美哉荡荡乎！大夫之意在高山也！"俞伯牙大惊，又弹一曲，叮叮咚咚，最后一个音符甫止，樵夫又赞曰："美哉洋洋乎！大夫之意在流水矣！"俞伯牙大喜过望，邀请钟子期上船，把酒临风，谈琴论律，结为至交。相约来年此日再会于此，弹琴喝酒，极尽人生之乐。

翌年，俞伯牙如期而至。可是，钟子期却失约了。

俞伯牙打听到钟子期的住处，荆门凋敝，物是人非！原来钟子期已不在人世了。俞伯牙大恸，在钟子期的坟墓前，将自己创作的新旧名曲演绎殆尽，然后毁琴。他自言自语道："知音失去，琴音空荡，再美音律，犹遇瞽者"言罢，悲伤而去。

（一百零九）

下联：光棍月光族，太阳能检修

（一百一十）

上联：留守童守童，孩子带孩子

（一百一十一）

下联：山大王王大山在大山里侃大山

（一百一十二）

上联：咫尺天涯，倏忽日暮

（一百一十三）

上联：祖国祖先祖籍祖传均自炎黄始祖

（一百一十四）

上联：三顾茅庐三国策

（一百一十五）

上联：三顾茅庐，六出祁山，七擒孟获

（一百一十六）

上联：鲜美鱼羊馆

（一百一十七）

下联：亏你大言不惭诗

（一百一十八）

上联：心中有鬼岂无愧

（一百一十九）

上联：心田明皓月，思谁告白

（一百二十）

下联：又欠欢娱一夜情

（一百二十一）

下联：大将奖金分可人

（一百二十三）

下联：手劳捞外快，口乞吃他方

（一百二十四）

下联：内斗内行外斗外行

（一百二十五）

下联：内卷内循环

（一百二十六）

下联：躺平亦躺枪

（一百二十七）

下联：朱门月色，荷馥自清

（一百二十八）

上联：日升月落周而复

（一百二十九）

下联：萍惠子珍毛润之

（一百三十）

下联：国庆阅兵贺国强

（一百三十一）

上联：完璧归赵回良玉

（一百三十二）

下联：道路泥泞徐向前

（一百三十三）

上联：道是孤芳陈独秀

（一百三十四）

下联：烈士心红留（刘）志丹

（一百三十五）

上联：旅途拟万程思远

（一百三十六）

下联：乱点鸳鸯胡适之

（一百三十七）

下联：海宫寿宴贺龙

（一百三十八）

上联：承诺尘缘许世友

（一百三十九）

上联：欲守江山王任重

（一百四十）

上联：嫌价恒高陈永贵

（一百四十一）

下联：一骑踏花马步芳

（一百四十二）

上联：山农御雨须戴笠

（一百四十三）

上联：帽子戴高乐

（一百四十四）

下联：占星探索易中天

（一百四十五）

下联：全面德修周树人

（一百四十六）

下联：稀拉里拉稀

（一百四十七）

下联：人生坎坷叹路遥

（一百四十八）

上联：雪覆山岩齐白石

（一百四十九）

下联：绿原千里马潇潇

（一百五十）

上联：西江落日朱光潜

（一百五十一）

下联：炎黄后裔盛中华

（一百五十二）

下联：伺机虎豹袭牛群

（一百五十三）

下联：公然虎豹扑牛群

（一百五十四）

下联：风去花间徐静蕾

（一百五十五）

上联：名包一送伊能静

（一百五十六）

下联：学良当学友

（一百五十七）

上联：金瓶梅艳芳，红楼梦化蝶

（一百五十八）

下联：桃花灼灼李默然

（一百五十九）

下联：夕阳隐蔽伏明霞

（一百六十）

下联：盼归快递达尔文

（一百六十一）

上联：驴儿爱入女儿国

（一百六十二）

下联：山里无人花自芳

（一百六十三）

下联：春风吹拂花袭人

（一百六十四）

下联：撒野佯狂鲁智深

（一百六十五）

上联;月色如水林道静

（一百六十六）

下联：王公贵族普希金

（一百六十七）

上联：牛顿时知地有力

（一百六十八）

下联：音涵海韵贝多芬

（一百六十九）

下联：因有屈项楚留香

（注：屈项，屈原和项羽）

（一百七十）

上联：老大回乡归老舍

（一百七十一）

下联：老子开坛陈道明

（一百七十二）

下联：霸王别姬虞美人

（一百七十三）

下联：东坡会客苏有朋

（一百七十四）

下联：叶上题诗尽倩文

（一百七十五）

上联：白居寺里白居易

注：白居寺位于西藏。

（一百七十六）

上联：卖炭翁穷辛弃疾

（一百七十七）

上联：老莱子欣老来子

（一百七十八）

上联：铜雀台非曹子建

（一百七十九）

上联：武则天天战，文同事事和

（一百八十）

上联：冠状毒，官状毒，毒中毒外，生灵荼毒，毒！毒！毒！

（一百八十一）

上联：精神没了精神病

（一百八十二）

下联：猪首促销贱骨头

（一百八十三）

上联：愁交电费多关照

（一百八十四）

上联：硬弓发射钻空子

（一百八十五）

上联：时常睚眦小心眼

（一百八十六）

下联：儿童创造小儿科

（一百八十七）

上联：推荐良驹拍马屁

（一百八十八）

下联：弟妹先婚老大难

（一百八十九）

上联：接吻按胸图快活

（一百九十）

上联：不闻不应神经病

（一百九十一）

下联：小妹纹身像画皮

（一百九十二）

上联：蝉鸣知了真知了

（一百九十三）

上联：魂飞魄散风流鬼

（一百九十四）

上联：好多都入美联储

（一百九十五）

上联：留着预言歇后语

（一百九十六）

上联：上下打量不中看

（一百九十七）

上联：藏娇金屋内容美

（一百九十八）

下联：山上海关山海关

（一百九十九）

上联：美人守寡好难过

（二百）

上联：老白干完老白干

（二百零一）

上联：观樱悦目看花眼

（二百零二）

下联：蛙鸣头上顶呱呱

（二百零三）

上联：澡堂喧闹多泼妇

（二百零四）

上联：老子发言皆道理

（二百零五）

下联：一本正经不正经

（二百零六）

下联：婴儿打键乱弹琴

（二百零七）

上联：胯下能行信得过

（二百零八）

下联：包围圈里一团糟

（二百零九）

下联：前后穿插两面针

（二百一十）

下联：清官哪有清官

（二百一十一）

上联：妇围篾堆编八卦

（二百一十二）

上联：多糊海报撑门面

（二百一十三）

上联：考拉点将帅呆了

（二百一十四）

上联：经常辨字老花眼

（二百一十五）

上联：猪肚贿官拉下水

（二百一十六）

上联：通过后门走捷径

（二百一十八）

上联：破除迷信不容易

（二百一十九）

下联：乐天赋别白操心

（二百二十）

上联：舌战群儒有意见

（二百二十一）

下联：涎滑话多顺口溜

（二百二十二）

上联：山顶购物高消费

（二百二十三）

上联：明送秋波抛媚眼

（二百二十四）

上联：光棍买春无耐性

（二百二十五）

上联：西域冥钞不中用

（二百二十六）

下联：看月怀人静夜思

（二百二十七）

上联：担当男士操家伙

（二百二十八）

下联：谋求得爱耍花招

（二百二十九）

上联：徒掌教人空手道

（二百三十）

下联：能生崽子真牛逼

（二百三十一）

上联：相思病亦爱滋病

（二百三十二）

下联：木兰出拳耍花招

（二百三十三）

下联：故障游艇划不来

（二百三十四）

下联：要数总来打算盘

（二百三十五）

上联：情书匆就含羞草

（二百三十六）

下联：游遍西方多白丁

（二百三十七）

上联：沙碛连天何落草

（二百三十八）

上联：专人传语吾言信

（二百三十九）

上联：非婚偷娩私生子

（二百四十）

下联：方便面谈开视频

（二百四十一）

上联：清风乱页书生气

（二百四十二）

下联：艄公破浪走江湖

（二百四十三）

上联：夜歌壮胆真离谱

（二百四十四）

上联：长驱直入没关系

（二百四十五）

下联：叩门不应想不开

（二百四十六）

下联：红杏出墙交际花

（二百四十七）

上联：风韵犹存老相好

（二百四十八）

下联：一宵留宿有交情

（二百四十九）

下联：佛名挂嘴口头禅

（二百五十）

上联：谋生逼成多面手

（二百五十一）

上联：胸无点墨交白卷

（二百五十二）

上联：罪从秦侩莫须有

（二百五十三）

上联：访欧总理出洋相

（二百五十四）

上联：蕾绽春晨花露水

（二百五十五）

上联：摆理隔街相对论

（二百五十六）

下联：包公左右四人帮

（二百五十七）

上联：成吉思汗元首领

（二百五十八）

上联：轻嚼即溶巧克力

（二百五十九）

下联：成龙望子成龙

（二百六十）

上联：爆胎总是很生气

（二百六十一）

上联：巴山巴水育巴豆

（二百六十二）

下联：三生修得一回眸，八百买来一夜情

（二百六十二）

下联：白领非无白领薪

（二百六十三）

上联：日夜兼程劳力士

（二百六十四）

上联：不羞裸汉耍光棍

（二百六十五）

上联：水落出蹄露马脚

（二百六十六）

上联：朝天开火放空炮

（二百六十七）

下联：笑傲江湖任我行

（二百六十八）

下联："先忧""后乐"范文澜，《岳阳楼记》千秋颂

（二百六十九）

下联：清宫花竞满庭芳

（二百七十）

下联：博士生名单，一表人才

（二百七十一）

上联：老马识途跟老马

（二百七十二）

上联：禅房月亮光明顶

（二百七十三）

上联：莫辨是非对不起

（二百七十三）

上联：阔脸化妆大面积

（二百七十四）

上联：双方高手精英赛

（二百七十五）

上联：男生娶女生，生生不息

（二百七十六）

下联：斜阳沉水满江红

（二白七十七）

上联：整容是为美人计

（二百七十八）

上联：学样东施想得美

（二百七十九）

上联：征服对方窝里斗

（二百八十）

下联：李克强如李克强

（二百八十一）

上联：连番云雨，花落知多少

（二百八十二）

上联：红消翠减好容易

（二百八十三）

下联：效颦丑女枉凝眉

（二百八十四）

上联：排长排长队

（二百八十五）

上联：好称再添多保重

（二百八十六）

下联：真无聊守口如瓶

（二百八十七）

上联：不同大小如尖夵

（二百八十八）

下联：湖中落日，锦涛欣镜平

（二百八十九）

上联：玉门杨柳没风度

（二百九十）

下联：老农常遇地头蛇

（二百九十一）

下联：耆宿言谈老掉牙

（二百九十二）

下联：水边春意镜花缘

（二百九十三）

下联：冰库炸开爆冷门

（二百九十四）

上联：钻山作业防空洞

（二百九十五）

上联：杏子青青不老实

（二百九十六）

上联：皇袍吹走跑龙套

（二百九十七）

上联：非裔打人下黑手

（二百九十八）

上联：满握硬币手头紧

（二百九十九）

上联：西子浣纱流水帐

（三百）

上联：中途退出没能耐

（三百零一）

上联：长亭目送别难过

（三百零二）

上联：独酌关门喝闷酒

（三百零三）

上联：独臂守防留一手

（三百零四）

上联：置索暗中设圈套

（三百零五）

下联：封堵旁门行不通

（三百零六）

下联：伏地畏君下马威

（三百零七）

下联：头朝地里倒栽葱

（三百零八）

上联：绕回原处兜圈子

（三百零九）

上联：强拆羊圈打群架

（三百一十）

上联：满眸春色开心果

（三百一十一）

上联：凶犯游街酷毙了

（三百一十一）

上联：高处投眸势利眼

（三百一十二）

上联：出轨分手别生气

（三百一十三）

上联：播音云上唱高调

（三百一十四）

下联：播音员坐波音机

（三百一十五）

下联：古酒酬宾吃得开

（三百一十六）

上联：风尘漫漫没着落

（三百一十七）

上联：奴狗看人翻白眼

（三百一十八）

上联：扇摇长舌风凉话

（三百一十九）

上联：神画长虹大手笔

（三百二十）

下联：清仓抢购占便宜

（三百二十一）

下联：升天火箭一溜烟

（三百二十二）

上联：冰库火灾冷不防

（三百二十三）

下联：奉违常变老滑头

（三百二十四）

下联：退休秃顶老滑头

（三百二十五）

下联：燦颜老妪黄脸婆

（三百二十六）

上联：初夜老姑门外汉

（三百二十七）

下联：闲聊泰嵩侃大山

（三百二十八）

上联：刁吏稽查敲竹杠

注：相传清代末年，各地严查走私鸦片烟。有一船老板将鸦片烟藏在撑船用的竹篙中偷运，以逃避检查。

一次船至浙江绍兴码头，数名检查官上船检查，未发现鸦片烟。

这时，检查官中一名司爷(文书人员)吸着旱烟步上船来。他吸完旱烟后信手将旱烟筒在船上的竹杠敲了几下，敲得竹杠"咯，咯"直响。

船老板以为被识破机关，一时慌了手脚，连忙掏出数两银子悄悄塞给了司爷，以示请求包涵包涵，不要再敲竹杠了。从此，敲竹杠一词就这样流传下来。

又有一种说法是：从前在一个渡口。有一次艄公收船钱，收到一个衣衫褴褛的人面前，那人乞求说没钱，艄公无奈，在那人怀抱的竹杠上敲了一下。

不想这一敲，这个衣衫褴褛的人却发慌了，赶紧塞给艄公银子。艄公感到很奇怪，又敲了一下他怀抱的竹杠，又得到一些银子。

原来这个人在外地发了横财，为小心起见，把钱藏在竹杠里，被艄公一敲，以为艄公发现了，赶快拿钱付艄公的船钱。自此，人们便把勒索财物的行为，称为"敲竹杠"。

（三百二十八）

下联：农村喜庆开门红

（三百二十九）

上联：低头不语留悬念

（三百三十）

下联：蜀中有备乱操心

（三百三十一）

上联：成了蠹鱼吃老本

（三百三十二）

上联：暗示风情使眼色

（三百三十三）

上联：交头接耳悄悄话

奖励细则：

针对以上征联，赐对达三联者（合格对联），特邀为海外中华诗词研究推进学会会员与龙声诗社特别会员并发给荣誉会员证书（海外中华诗词研究推进学会与龙声诗社为海外爱国学者组成的纯学术性组织，无政治性，可潜心研究学术安心发挥才能）；赐对达三十联者（合格对联），特邀为海外中华诗词学会与龙声诗社的荣誉理事并发给荣誉职位证书；赐对达九十联者（合格对联），特聘为海外诗词研究推进学会副会长并发给荣誉证书，另赠送本书作者书法作品一幅；赐对达一百五十联者（合格对联）；特聘为海外诗词研究推进学会名誉顾问并发给荣誉证书，另赠送本书作者书法作品一幅；以上征联全对上者（合格对联），将被邀请赴美国关岛免费旅游与学术交流。

另有热爱华夏文化的旅美爱国华侨林文娟女士捐赠万元美金给海外中华诗词研究推进学会，海外中华诗词研究推进学会将部分作为奖金，发放给踊跃参与应征合格对联并达三十联以上的诸位对联爱好者。
（本奖励细则的解释权归海外中华诗词研究推进学会所有）

赐联处：电子邮箱：shuhaiyao1@gmail.com

国外通信地址：Mr:shuhai yao

PMB259,979ARMY DR,BARRIGADA GUAM 96913 U,S,A

国内同信地址：350300 福建省福清市西大街上巷 2-702 信箱。

注：对合格对联之定义，除字数相同、平仄相对，词性相同、内容相关外，另要求，上联出现过的字不再出现，特别是，若上联用了‘之’下联同位置不可再用‘之’；意义相同或相近的字不能相对，如，‘似’与‘如’；‘千秋’与‘万代’等皆视为犯有对仗上的合掌病。

后记

此书出版之际，正值全球抗疫进入更加严峻的时期。务请诸方各位加倍小心谨慎，度过危期是当前要务。此外，倘若得闲并有对联雅好，敬请放松心情翻阅此书，若有所感，赐教交流为盼！

编撰此书，有如负重登山，山高路迥；又如探渊取水，绠短汲深。端赖一腔热爱传统文化的情怀，鼓足干劲，终达目标。

书中所采之奇绝趣联，有古籍可据的就直接注明年代，模棱两可的就暂且注上'遗联'。今人之联，因多采自互联网，同一个单联，出处不一，故不敢贸然下注作者尊名，暂注'作者不详'等。请创作者看到后赐告尊姓大名，以便在再版时明注。

求知无止境，吾辈甫登堂。共同弘扬祖国的文化精粹是我们海外华裔学子孜孜以求的目标与心愿。同是天涯漂泊人，有缘翰墨欣相识。牛年将别，虎岁即来。赋三联恭祝诸位健康吉祥财旺喜乐！

第一联：瘟风将熄春潮高涨
　　　　　牛劲不松虎势新盈

第二联：福盈四海人间皆暖
　　　　　虎壮五洲岁月长安

第三联：面临瘟疫，全球已识共同体
　　　　　心储虎雄，无处不描幸福图

书海 2021 年冬于美国。